校长叙事·学校文化型塑丛书

此丛书系教育部"十一五"规划课题《"研训一体"教师成长模式研究：教育现象学的视角》（FKB070285）的系列研究成果

江苏省教育科学规划重点资助课题（B-a/2006/02/067）师生道德发展共同体研究成果

校长叙事·学校文化型塑丛书

丛书主编 吴安春　　丛书副主编 戴联荣 程方平 陈海东

学校的人本化管理行动

南京师范大学出版社
NANJING NORMAL UNIVERSITY PRESS

任光升 李连国 张凤魁 著

图书在版编目（CIP）数据

学校的人本化管理行动 / 任光升，李连国，张凤魁著. -- 南京：南京师范大学出版社，2012.11
（校长叙事·学校文化型塑丛书 / 吴安春主编）
ISBN 978-7-5651-0831-0

Ⅰ.①学… Ⅱ.①任… ②李… ③张… Ⅲ.①中小学－学校管理 Ⅳ.①G637

中国版本图书馆CIP数据核字（2012）第108370号

书　　名	学校的人本化管理行动
作　　者	任光升　李连国　张凤魁
责任编辑	毛志轶　韦　娟
出版发行	南京师范大学出版社
地　　址	江苏省南京市宁海路122号（邮编：210097）
电　　话	（025）83598919（传真）　83598412（营销部）　83598297（邮购部）
网　　址	http://www.njnup.com
电子信箱	nspzbb@163.com
照　　排	南京理工大学印刷照排中心
印　　刷	南京玉河印刷厂
开　　本	787毫米×960毫米　1/16
印　　张	11
字　　数	212千
版　　次	2012年11月第1版　2012年11月第1次印刷
印　　数	1～3 600册
书　　号	ISBN 978-7-5651-0831-0
定　　价	20.00元

出 版 人　彭志斌

南京师大版图书若有印装问题请与销售商调换
版权所有　侵权必究

前 言

"学校的人本化管理行动"这个课题研究,历时五年,刚刚结题。在2010年10月下旬无锡审稿会议上,我们向中央教科所吴安春教授和南京师范大学戴联荣教授汇报有关本书体例和内容时,心中忐忑,总有点新媳妇见公婆的感觉。两位教授听完汇报却称赞不已,认为:学校人本化管理符合《国家中长期教育改革和发展规划纲要》的指导思想和工作方针。科学发展观的核心是以人为本,育人为本以人为本在教育工作中的具体体现,是当前基础教育面临的新课题,也是学校管理的方向。这大大增加了我们的信心。

两天的汇报与讨论让大家疲惫不堪,无锡同仁利用休息时间极尽东道主之谊,邀请我们游大运河无锡城段和著名的东林书院。运河两岸,商铺鳞次栉比,天下熙熙,地上攘攘。当年的千乘之王、万家之侯、百室之君已是"旧时王谢堂前燕,飞入寻常百姓家"。这里游人如织,处处流光溢彩,都没有给大家留下太深刻的印象,门前冷落的东林书院却震撼了我们。偌大一个书院只有我们十几个人,穿过"后学津梁"的牌坊,走在"东林旧迹"的路上,站在依庸堂和丽泽堂前,远眺东临码头的几个垂钓老者,在明代万历年间东林领袖、先贤顾宪成所撰的"风声,雨声,读书声,声声入耳;家事,国事,天下事,事事关心"前久久顿步。对联脍炙人口,是长盛不衰的千古绝唱,成为许多学人的共同心声和座右铭。

读书不是为了心灵的自足,而是为了更好地尽到一份社会责任。东林书院的这副名联,正是印证了这种文化心理。徜徉在书院的廊宇之间,仿佛还能听到那穿越时空的琅琅读书声。诚然,岁月的封尘会使这片建筑脱却鲜亮和生动,但东林书院毕竟为我们民族断残凌乱的精神史提供一个小小的栖脚处。只有思想,才能穿越岁月,让悠远的历史连成缆索;只有精神,才会在人们的灵魂中芳华永驻,历久弥新。毕竟,民众和历史最终接受的是坦诚而透彻的生命。

"实学、实用、实益"——道南祠影壁墙上镌刻的六个大字是他们的孜孜追求。以实学做学,以实用做事,以实益救世。讲学风、讲正气、躬行实践、锐意图新及热忱的爱国思想,是我国古代优秀文化遗产的一个组成部分,宣传尊师重教、修德成性、经世致用、明辨是非、遵循道统、纵论古今、弃旧图新、注重社会、独立自主的学风。它不仅是现代无锡城的文化坐标和文脉象征,更是中国知识分子的一面旗帜和圣殿。

仰望天空,寥廓深邃,自由宁静。"躬行实践、求真务实、知行合一",东林的遗风不正是我们所追求的吗?以人为本的教育已经深入人心,但真正可参照的案例却寥寥无几。当初,"学校的人本化管理行动"课题的研究目的就是解决学校自己的问题,这不正是契合了一个"实"字!"人本"不能成为停留在口头理论的标签,应该有大胆的教育实践。

在本书撰写过程中,我们查阅了大量的中外资料,系统整理了有关学校人本化管理的理论,在学校文化、学校内部管理机制、评价系统、关怀体系、课堂教学上也进行了有益的实践探索;课题愈做愈觉得有味,愈做愈有益;学校文化在胜利油田得到彰显,组织系统、管理机制、考核评价系统等不断为其他学校所借鉴。2009年,"学案式教学"作为胜利教育管理中心四大课题之一在胜利油田的基础教育系统得以推广;2010年12月,东营市教育局在我校召开了"建设和谐高效课堂"成果展示现场会。

随着胜利油田向现代企业转型,1997年原有的企业办社会部分逐步剥离。到2005年,近万名教职工的"胜利教育"整体移交地方,学校与胜利油田千丝万缕的联系戛然而止,胜利油田的学校布局进行了整合,由此产生的震荡使部分教师彷徨而焦灼。加之受生源和资金的影响,近十年未引进一名新教师,学校教师年龄结构愈来愈老化,平均在40岁以上,教师旺盛的生命活力不再。教师生命质量需要激活,生命价值应得以重建。同时应试教育这一顽症并没有根治,学生的厌学问题没有根本解决。基于以上情况,我们探索人本化条件下的学校管理,从学校文化等方面进行了有益实践。

学校文化不是独立的,受当地文化的影响,又引领一定地域文化特质的成长。

因此,在梳理和培育新的学校文化中,我们从黄河口文化开始。黄河口文化具有鲜明的大河文明和海洋文明特点,大河文明稳定持重,海洋文明外向开拓;黄河口文化又具有移民文化的特点。东营是因油而生的移民城市,特别是石油会战之初,各种新群体、思潮进行碰撞和交融,进而互相渗透与吸引,产生了鲜明的铁人精神,顽强拼搏、开拓进取,具有特有的开放性、兼收性、宽泛性、多元性的特征,孕育出勇于探索、敢为天下先、求新求异的精神气质以及新的思维方式和生活方式、新的思想观念,从而成为现代文化的先导,但这种文化最突出的问题就是社会成员缺乏归属感,身份认同感尚未完全建立。学校成立之初属于企业办学,在特大型国营企业——胜利油田管理的二十多年中,学校文化明显带有企业文化胎记,而胜利油田的企业文化在历史上还含有军旅文化的成分,表现为组织结构等级分明,人本化的元素不是很充分。

因此,在多元文化背景下学校作出明智的文化选择,使教师意识到自身文化性格的特点,形成多元的、融合的文化素养。这种文化自觉可以唤醒教师生命发展意识,彰显教师发展的自主性,促进教师形成反思习惯,促成教师合作共享。面对个体教育工作者追求的价值取向,学校要坚持科学的、和而不同的发展观,从个性多样化的统一看发展的"和",即"合和"文化。"合作"是基础,"融合"是手段,"和谐"是目的。

有了学校文化的引领,也就应该有配套的管理组织系统,就要建立适应人本化校本教师管理的组织模型。组织模型多种多样,但学校管理应是去行政化,实施"扁平式网络化"的组织结构,这是一种学习型组织结构,它是为充分发挥全体师生员工的创造性能力而建立起来的柔性的、扁平化的、符合人性的、责任到位的、能持续发展的组织结构,突出了"合作、平等、参与"的特点。我们建立了以年级部为单元的"赛马式"管理机制,初步形成了"拥抱式组合,一体化管理,过程性考核,绩效性激励"的新的人本化的校本管理模式。由此建立各种学习共同体,进行"一体化"管理、"共同体"考核。

"拥抱式组合"使教师成为合作型同事关系,"一体化管理"强化合作共生自管自律意识,"发展性评价"促进教师专业化成长,"激励性奖惩"增强教师发展内驱力。人本化的校本管理提高了工作与管理效能,减少了管理和人际关系中的矛盾,融洽了同事间的关系,团队意识大大提高,办学效益大有长进,整体办学水平得到提升。

在柔性管理上,我们建立人本化教师关怀体系。关注教师的职业生活方式和幸福感,关注教师作为一个普通人的正常需要。只有教师自身生活得快乐、幸福,才能把这种快乐传递给学生。这种幸福感的流露,引导学生采取积极的心态,接受幸福、感受幸福、传递幸福,融生命关怀,创和谐教育。

科学管理其实就是制度管理与人性管理的和谐结合,制度化管理和人性化管理正像科学与人文的关系一样共生互动、互补互通、"和而不同"。在制度管理中,应更好地体现以人为本;在人性化管理中,要以制度建设为基础。追求人本化管理,就是追求制度管理与人性化管理的和谐统一。

保证管理组织系统运行,就应有民主、科学化考核管理系统作保障。考核制度不但以人为本、民主科学,而且更重要的是得到被考核者认同和接受。制度的制定最好是通过自下而上,反复讨论修订。考核管理系统的内容,应改变以往以甄别优劣为主的评价方式,尊重多元,注意反思,建立教师发展目标构成的评价体系和学生全面发展的过程性评价体系。评价方式有自我评价、部组评价、学校评价(学生为教师评价或家长评价)三种,并坚持"人人都能发展,人人都有成就"

的评价原则。人人都有适合自己的发展目标。

建立以"学"为中心的教学方式,把实现人本化的学校管理落脚点放在课堂。洋思学校、东庐学校和杜郎口学校的经验给了我们很大启发,"洋思"的"先学后教,当堂训练"模式,让我们悟出"先学后教"是培养学生自主学习习惯和能力的有力措施,是落实怎样引发学生自学、思考的最好方式;"东庐"的"讲学稿"又是落实学生"先学"的有效载体,没有"讲学稿",学生的"先学"将没有目标和抓手,会陷入漫无边际、无从下手的窘地;"杜郎口"的"教育超市"式的课堂教学模式,把学习的权利完全放给了学生,充分发挥了学生的主观能动性。借鉴三校的各自优势,根据我们的具体实际,形成了具有我们自己特点又兼具三校优势的"学案式教学"方式。

经过五年多的实践,我们认为:"学案式教学"实现了"主体"与"主导"的统一,教师在课堂教学也易把握。"学案式教学"颠覆传统课堂教学的权力结构,实现课堂教学哥白尼式的革命,真正使学生成为学习的中心,实现学生学习态度和学习方式的根本转变。以"学"为中心的"学案式教学",以人为本,关注了学生全面发展,促进了学生健康人格的形成,培养了学生创新精神和创新能力,为学生的终身发展服务。它倡导的是学生自主学习、自主探索、自我发现、自我解决,课堂教学培养训练的着眼点是学生学会学习、学会合作、学会质疑、学会发展,从根本上转变了教师的教学观念和教学方式,转变了学生的学习方式,改变了课堂教学结构,优化了课堂教学模式,提高了课堂教学效率。

"学案式教学"要求有配套的教学工作方式,学校形成了集体备课以及二次备课完整的机制、过程、要求等,制订了学案设计和课堂评价柔性标准以及合作学习小组的评价标准,同时对教师和学生在学案的使用上也做了比较宽泛的要求。

应该说,本书是学校五年多"人本化"管理研究和实践的一次梳理和总结,书中也参考了我们的结题报告。学校文化、学校内部管理机制、评价系统、关怀体系部分比较适宜学校领导以及中层干部参考,后面有关"学案式教学"部分更适用于教师课堂教学。每所学校都有自己的校情,我们也期望就某些问题与同仁商榷,特别是学校内部的管理机制和评价机制存在的局限性。希望读者或单位与我们联谊,在不断创新中共同提高。

作　者

2012 年

序:用科学适宜的管理铸就学校的特色与质量

看到任光升送来的"学校的人本化管理行动"的课题研究成果,心里很为他高兴,通过多年来的辛勤探索、思考与实践,任光升所做的研究显示了厚重与丰富。

最初认识任光升是在多年前我到山东的胜利油田考察教育期间,当时的他刚刚调到胜利油田的五十九中任校长。在交谈中我清晰地感受到他意志坚定、谈吐合宜、思维敏捷、虚心好学、经验丰富、管理有方,是一个有教育理想和抱负的中年校长。回京不久,我又在《中国教育报》和其他教育类研究刊物上读到了他的几篇文章,所涉及的内容多是他探索学校管理的思考与实践,有许多认识和做法非常务实、独到和有效,体现了他的管理风格和探索精神,当然也给我不少启发。

不久后,任光升来到中央教育科学研究所做高级访问学者,与我结成了合作研究的紧密关系,并能经常一起探讨学校管理的问题。以往,在谈及学校管理的问题时,学术界总是以理想和应然的标准谈学校管理问题。我虽然当过中小学校长,但在研究机构待久了,也自然会受到这类风气和习惯的影响,与学校管理问题的真实存在渐渐疏离,高谈阔论在不经意间多了起来。一次,听任光升谈自己在五十九中当校长的具体经历,我恍然意识到学校管理要达到理想境界是需要有阶段性过程的,而在学校管理具体、真实的特定发展阶段,并不理想的"人治"、"法制"有时也许是最适宜的,关键是如何在相应的管理模式中正确运用校长的引领和表率作用,循此而上才能最终达到理想的管理境界。悟到了这一道理,我觉得很有收获,也特别感谢任光升带给我的有益启发。

时光如梭,任光升结束了他的访问学者生涯,又回到胜利油田,通过用心和拼搏继续他的研究探索,并持之以恒地完成了他的研究项目。在此期间,我曾有机会到胜利油田去看他的研究推进与成果,他也因需要调离五十九中,到胜利油田教育管理中心负责人事管理,在更大的范围里继续探索学校管理的课题。

任光升长期以来潜心探索学校人本化管理的问题,并非心血来潮或追逐时髦，而是与其长期校长工作的实践体会、执著追求的教育理想紧密联系的。2000年以来，"以人为本"的思想虽在中国社会和教育界产生了广泛深入的影响，但要在学校管理的方方面面真正践行"以人为本"的原则并非易事。既要有深入的研究和思考，更要有扎扎实实的实践推进。而在这方面，任光升可谓齐头并进、独到兼得。

为了完善"学校人本化"的管理结构框架，任光升不仅对学校工作的方方面面进行了细致的分析和梳理，剖析了各种复杂的关系；同时对国内外学校管理改革的理论与实践也予以了广泛的关注，在学校文化、学校内部管理机制、评价系统、关怀体系、课堂教学等方面的思考均颇有心得；还广泛地吸纳了诸如洋思、东庐和杜郎口等国内学校具体的改革经验与做法。为其系统地提出营造人本学校文化、建立人本化组织管理系统、完善扁平网络化管理机制、构建人本考核评价制度、实践学案式教学，以至整体建构学校人本化管理体系，奠定了坚实的基础。

在当今中国的学校管理改革探索中，可资借鉴和参考的经验和信息极为丰富，其中不乏片面的、概念的、理论的、实践的、国外的、国内的、传统的、时髦的、狭隘的、开放的、正向的、反向的、点上的、面上的、市场化和企业化的、注重个性的、强调共性的、科学主义的、经验主义的等多方面的影响。面对极丰富的信息刺激，作为合格的研究者必须坚守自己认定的教育管理最基本的原则和立场，而对诸多外来影响做去粗取精、去伪存真的选择，最终完善自己的研究逻辑体系。在这方面，任光升的素质、意识和所用的方法是规范和适宜的，其体现在著述中的思考和实践也是有说服力的。

谈到学校管理、人本意义上的学校管理以及制度管理的途径和工具，都不能迷失这是"人的管理"、"心的管理"这一本质。任光升在探索和实践中一直强调，学校工作的主体应是建立具有人本化特征的教师和学生的关怀体系，要关注教师和学生的教学生活方式和幸福感，关注教师和学生作为一个普通人的正常需要。只有教师自身生活得快乐、幸福，才能把这种快乐传递给学生，并通过幸福感的流露，引导学生调整心态，接受幸福、感受幸福、传递幸福，逐渐形成融入生命关怀、认同和谐共进的学校文化。

面对当前的现实，在学校管理的实践探索中，还有许多硬性、简单、空疏和僵化的管理规定，难以适应学生和教师多元化发展的需要，难以与师生的内在需求对应，因而，即便是理念很新、解释玄妙、条目繁多，但很难使师生从内心认同，更不能使人心悦诚服，效果自然也不理想。任光升看到了这些问题，并清醒地意识到，对人的管理不是为了约束，而是为了更好地发展。所以学校管理的理念、方法、途径和标准等，都要被管理者参与，要考虑到他们的具体情况和差异，并在制度的建设中更多地偏向积极、正向和个性化的激励，使每一个个体都能在良好的学校制度文化中找到适合自己的发展道路。

基于这种认识，任光升在探索实践中十分注意从大处着眼、从细部着手，尝试运用差异考核的管理系统改变以往以甄别优劣为主的评价方式，尊重多元化，注意反思，建立教师发展目标构成的评价体系和学生全面发展的过程性构成评价体系。评价方式有自我评价、部组评价、学校评价（学生为教师评价或家长评价）三种，并坚持"人人都能发展，人人都有成就"的评价原则，较好地调动了广大师生的积极性和潜能，使人人都有适合自己的发展目标。

所谓科学的学校管理，其实就是制度管理与人性管理的和谐相融，是有互动、互补、互通、适宜、共生和人性化的基本特征的。针对不同的管理对象和有自主发展愿望的不同个体，管理方式的多元化、管理理念的"和而不同"、管理方式的"理一分殊"等，都是实事求是与科学发展原则在信息管理实践中的主要体现。在任光升的学校和许多具有积极探索精神的学校，其实践经验也可以从多方面印证这些思想，未来教育管理改革和发展的方向、趋势和原则都寓于其中，理想的教育教学和学校管理效果也必由此产生。

作为一所学校，制度建设的完善和制度实施的保障不仅要依托硬性、细致的管理规定，更取决于管理者和被管理者经过协商而形成的共识和其内在自主发展个性需求的呼唤。所以，任光升在这方面的研究与探索，不仅揭示了教育管理本应注重的科学性、适宜性、人本性和多元性等原则和规律，也通过深入实际的行动，为学校特色与质量的优化与提升提供了根本性的支撑和保障。

当然，作为一位地区教育、学校教育的管理者、实践者和探索者，任光升的研究之路还很艰苦和漫长，面对的现实还依旧复杂和充满挑战。但正因为如此，我们才会感受到改革和探索的价值，并从中体味难得的幸福和快乐。

程方平

2012年

（序言作者：中国人民大学教授，原中央教育科学研究所研究员）

目　录

前言 / 1
序：用科学适宜的管理铸就学校的特色与质量 / 1

第一章　学校人本化管理理念的研究 / 1
第一节　人本化管理研究的现实背景 / 1
第二节　人本化管理研究的思想理论背景 / 6
第三节　人本化管理研究的内容 / 8
第四节　人本化管理研究的理想模型 / 11
第五节　人本化管理研究的方法 / 11

第二章　人本化校园文化 / 14
第一节　人本需求的调查与引领 / 14
第二节　学校人本文化的确立 / 34

第三章　人本化组织平台系统 / 43
第一节　适应人本化教师管理的组织模型 / 43
第二节　建构各种共同体 / 45

第四章　"扁平式网络化"的管理机制 / 50
第一节　"拥抱式组合"使教师成为合作型同事关系 / 52
第二节　"一体化管理"强化合作共生自管自律意识 / 56
第三节　"发展性评价"促进教师专业化成长 / 59
第四节　"激励性奖惩"增强教师发展内驱力 / 67
第五节　实施管理体系的效应 / 69
第六节　实施管理体系的局限 / 70

第五章　人本化考核评价系统 / 71
　　第一节　民主科学化的教师考核系统 / 71
　　第二节　人本化过程性的学生考核评价体系 / 78

第六章　人本化关怀体系 / 94
　　第一节　人本化教师关怀 / 94
　　第二节　人本化学生关怀 / 98

第七章　人本化"学案式教学"的生成 / 111
　　第一节　"学案式教学"课堂教学的背景 / 111
　　第二节　整合借鉴"洋思"、"东庐"、"杜郎口"经验 / 120
　　第三节　"学案式教学"的定位与实践 / 130
　　第四节　学案的设计要求和编写原则 / 135
　　第五节　"学案式教学"的备课方式 / 138
　　第六节　学案设计和课堂评价 / 140
　　第七节　学案应用要求 / 146
　　第八节　"学案式教学"课堂流程与小组合作学习 / 152
　　第九节　"学案式教学"的配套管理 / 158
　　第十节　"学案式教学"的深化 / 160
　　第十一节　"学案式教学"的初步成效 / 163

后　记 / 165

第一章 学校人本化管理理念的研究

第一节 人本化管理研究的现实背景

一、教师职业倦怠成为实施素质教育和教师自身发展的障碍

实现学校教师人本化管理是时代的呼唤。以人为本是党的十七大提出的科学发展观的核心,而如何在教师管理中真正实现人本化管理是克服教师职业倦怠、提高教师职业幸福感、实现素质教育的关键所在,是引导教师适应变化了的人际关系的需要和解决学校内部存在的各种困扰的根本,因为教师是学校发展的主力军。

1. 解决日益突出的教师职业倦怠是全面推进素质教育的关键

以往和现在正在实施的学校管理模式已经严重滞后于时代的发展,不利于教师的专业成长和教师的职业生活。我们已经处在一个飞速发展的变革时代,社会在转型,人的思想、意识、生活方式等都在不知不觉的快速变化着,这种变化给我们学校管理和文化带来的冲击是前所未有的,而我们仍处在以往的管理模式中不思改变,这是造成当今教师职业倦怠的原因之一。社会对教育不断增加的新要求、教育内部的过度竞争、旧的培养模式下成长起来的教师要适应新时代的要求等等,这些都给教师带来了巨大的精神压力和生存压力,教师疲于应付,难于创新,因而逐渐失去进取心,久而久之,逐渐产生职业倦怠。

教师是承受压力最多的职业之一,而且教师承受的压力还有逐渐增加的趋势。国外的一些心理调查表明,中小学教师的"燃烧度"(为职业献身精神、疲劳度)远远超过护士等对人服务的职业,教师逐渐产生的职业倦怠心理直接影响到教师的心理和生理健康,使其工作激情受到损耗,并成为教师厌教、教育水平难以发挥的重要影响因素,最终必然带来教育质量的下降和对教师身心的伤害。有资料显示,目前我国正常人群心理障碍的比例在 20% 左右,然而,国家中小学生心理健康教育课题组对辽宁省内168所城乡中小学的2 292名教师的检测结果却表明,中小学教师心理障碍发生率竟高达50%。因此,教师职业倦怠已成为不可忽视、应有效解决的问题,更是我们校本教师管理的主要任务。

2. 新课程背景下学校教师人际关系发生变化,学校管理必须变革

(1) 校长与教师之间的关系。在传统理念下的学校管理是一种自上而下的层级管理模式,在这种管理模式下的校长和教师之间的关系是领导与被领导的关系,大多数校长的行政权力意识在日常管理中占主要地位,畏于权威和体制,教师主要是服从管理和接受管理,积极参与管理的意识淡漠。在人本化的校本管理体系下,学校的理想管理模式应该是以"扁平式网络化"的管理为主的模式。在这种管理模式下,校长与教师之间的关系虽具有领导与被领导的关系,但更强调平等的协商交流关系和共同参与管理的关系,是在一个管理共同体中的不同成员之间的关系。校长与教师之间关系的变化,实际上也是教师与学校组织关系的变化。

(2) 教师与教师之间的关系。传统理念下的教师与教师之间的关系是普通的同事关系,在这样的关系中,教师与教师之间的亲密度是自然生成的,当然有亲有疏,有和有斗,特别是在竞争日趋激烈的今天,"文人相轻"、"同行是冤家"的倾向较为突出,同学科、同年级、同层次之间的教师竞争较为激烈;而在人本化的校本管理体系下,教师与教师之间的关系应该是一种新型的"合作共赢型"同事关系,这种建立在合作基础上的同事关系体现在日常教育教学的每一个角落,体现在教师的工作、学习、管理和生活当中。

(3) 教师与学生之间的关系。在以往的学校管理中,教师具有绝对的权威,肩负着对学生"传道、授业、解惑"的责任,是学生心目中的领导,师生之间传承着一种"师徒"关系,有较强的领导与被领导的倾向,是不平等的关系;在新课程理念下的师生关系是平等的人与人之间的关系,学生作为具有健全人格的生命个体被充分尊重,师生之间更多的是朋友关系,教师的角色主要由施教者变成了指导评价者、激励引导者和服务者。师生关系是学校的核心关系,也是教师的责任所在。教师只有在良好的管理体系中才能充分发掘自身的能力和智慧,关心学生,对其进行全面深入的教育,同时,还能在对学生的教育中获得激励,收到教学相长的效果。

(4) 教师与家长之间的关系。过去,教师是家长的间接领导者,只要自己的孩子被教师教着,家长就会唯命是从,教师与家长之间是一种间接的领导与被领导的关系。在人本化管理理念下,教师与家长之间既是服务者与被服务者的关系,同时又是对学生进行教育的合作关系,教师要尽最大努力去满足家长对孩子教育所提出的合理需求,同时又要学会指导家长做好孩子的教育工作,尽最大努

力把家长指导成为自己教育的合作者。教师与家长的关系变化实际上也是学校与家长、学校与社会之间的关系变化,因为当教师与家长发生交往时,家长代表的是学生的权益,教师代表的就是学校的责权。

3. 教师管理模式的改革是当前时代发展的要求

当今各行各业的人力资源开发与管理模式已经随着时代的发展发生了较大的变革,特别是发达地区先进企业的管理模式已经给我们提供了许多宝贵经验,如海尔集团的"斜坡球体理论",华为公司的持续管理变革等。改革开放,国外企业也为我们提供借鉴,日本的"人企合一"的团队发展意识和集团主义竞争意识,美国企业重视自我价值的实现、鼓励创新的管理模式等,都为我们建立学习型组织提供了管理的经验与实例,为学校管理改革的不断完善提供了有益的借鉴。党的十七大"以人为本"的科学发展观的确立为学校管理模式的变革提出了时代要求。

信息社会的到来既拉近了人们的距离,又疏远了人与人之间的感情。便捷的交流方式使得全世界的人仿佛都生活在一起、工作在一起,生活节奏的加快又使得人们疏远了情感的交流与沟通,管理的越来越精细化和科学化,使得管理者与被管理者之间的关系日趋淡漠……凡此种种都体现了人们"两难"的复杂处境,这些给人们提出了诸多新的问题与挑战。面对如此之多的新问题、新情况,面对社会的转型和思想、意识、生活方式等都在不知不觉快速变化着的人群,教师的思想和心理都受到巨大的冲击,传统的管理模式和教育方式已经不可能再深入人心。一是原来的"人治管理"是校长说了算、一言堂、一支笔、专权专断,以命令替代目标管理,大量的工作是靠领导的命令得以完成的,在这种管理系统中,民主不过是个幌子,教师基本上是唯命是从,失去了自我,更没有了主动进取的精神。二是现在许多学校都推行"制度管理",学校的每一项工作都有详尽的制度和规则,看起来是制度面前人人平等,校长的管理更加依赖于制度和规则,缺乏的是人性化的激励和感情的交流,使得管理的效能难以真正发挥,由于教师情感方面缺乏润泽,久而久之,再实用的制度也失去它应有的效力。三是学校的组织变革的乏力,现行学校的组织结构基本上都承袭脱胎于行政、企业和其他领域的组织结构,在行政、企业和其他领域的组织结构随着时代的发展大多都已经迅速变革的今天,学校的组织结构却基本上没有发生变化或变化不大,学校现行的管理组织结构仍然沿用韦伯理性科层组织结构模式,这种金字塔式的管理模式,在社会变化相对较慢时期是非常有效的,人们按照既定的程序和标准做事和思考,处于一种比较被动的理所当然的状态,因而我们的学校教育既没有真正的自主办学权力,更没有真正的自主向前发展的动力,在这种情形之下的教师管理当然也就不可能真正发挥教师的主观能动性,教师出现职业倦怠感更是在所难免。

在社会快速发展的今天,这些相对滞后的管理模式已经显示出了其越来越多的弊端,这也是我们的教育改革没有真正达到预期目标的原因之一,所以改革当前的学校组织结构和教师管理模式迫在眉睫,这是学校可持续发展、激发活力、真正落实新课标、推进素质教育的关键。

4. 教师职业倦怠产生的不良影响

(1) 教学效果下降。教师的身心疲劳过度,对学生的观察、教育能力就会在无形之中降低,对学生的心理援助、管理指导等精神维持能力也会随之变得低下,随之而来的当然是教育、教学方法的不灵活或出现失常现象,在工作上变得机械,工作效率低,工作能力下降,最终导致教学质量降低。

(2) 人际关系紧张。在人际关系上变得疏离、退缩,摩擦增多,情绪充满忧郁和攻击性。有些教师使用粗暴的体罚和急躁的情绪、行为来对待学生,实则是一种身心疲倦、压力增大后所产生的"危险信号"。教师心理疾病会导致严重的后果,有时会给学生带来难以弥补的伤害。

(3) 造成自我身心伤害。教师的职业倦怠会造成教师的心理障碍和心理疾病,轻则是教师的消极态度和情绪的表现明显,重则会因不良心理状态而引起神经衰弱,或因不堪压力而导致精神崩溃,最终直接影响自己的身心健康。生理方面,经常会感到疲劳、虚弱、肌肉紧张、颈背痛、头痛、失眠、对疾病抵抗力薄弱、喉咙易嘶哑,常感冒或患心理上的小毛病,女教师常常出现内分泌紊乱和月经失调。心理方面,在认知上,教师会厌倦目前的工作,觉得工作无法给自己带来成就感,丧失理想,缺乏动机,欠缺热忱,倾向于贬低自我,包括不适应感、无能感、失败感和低自尊等,并采取悲观、否定态度,愤世嫉俗。在情绪上,当学校提高教育要求、加快教学节奏时,情绪较紧张,不安、易怒、易燥,动辄会责怪并迁怒于学生。缺乏热情与活力,感到沮丧、无助、无望,失去控制感,容易消沉或敏感易怒、神经质,容忍度低,自我评价降低,对同事不愿理睬,对学生冷漠,经常觉得自己孤立无援。

二、学生的厌学问题,已成了全面实施素质教育的顽症

中学生日益厌学已经成为不争的事实。

人本化的教师和学生管理、课堂教学模式的探索与研究,就是针对以上问题,结合本校管理实际,在现代教育理论和现代管理理念下,探索适合本校教师和学生特点的、具有自己鲜明个性的人本管理模式。该模式的研究和使用,力图能够最大限度地消除教师的职业倦怠和学生的厌学,形成具有活力的教师职业团队和朝气蓬勃的学生管理体制、学校具有自己特色的共同愿景,有全体教师和

学生普遍认同的、相对科学的管理评价体系,有集体认同的民主管理办法和民主监督程序,有促进教师积极向上的内部管理文化,有促进教师专业成长和学生素质教育的校本培训办法和人文关怀办法,有适应本校特点的学生管理方式,有实现素质教育、克服学生厌学的课堂教学模式等,这对于学校适应时代的发展和教师、学生适应时代的发展都具有极大的现实意义。

三、学校调研和调查中发现的问题

根据 2005 年我校在全体教师中进行的"工作状态、被信任和尊重的程度、各方面的压力感觉"三个方面进行的问卷调查,结果显示学校在教师管理方面存在如下八个方面问题:

(1) 办学自主权,在没有充分落实的情况下,学校还没有建立起一个适合于时代发展的人本化的长效管理机制,各种能够促进学校发展的有利因素并没有发挥到极致,为学校的长远发展服务。

(2) 过去在企业办学的影响下,学校没有比较成型的学校文化,随着时代的发展,已有的传统、不很成型的文化急需梳理,并在继承的基础上建立新的学校愿景文化,以增强教职工的凝聚力和工作热情。

(3) 迫于升学率和社会的要求,学校给教师施加过多的压力,加上社会对教育和教师的要求越来越高,致使教师的工作压力较大,感觉不到工作的快乐和成就。

(4) 教师的教研培训如何更有利于教师的个人精神需要和专业发展,特别是校本培训如何更具有人文性和实效性,如何激发教师进入自动自发的学习状态,是当前急需解决的一个问题。

(5) 教师对现有教职工的考核与评价办法虽大致认同,但对具体细节仍有异议,如何让教职工参与进来,建立一整套适合教职工自我发展、又被全体教职工认同的评价办法,是一个长期探索的过程。

(6) 教师教学的方式如何向培养"人"的角度改进,特别是急需建立适合学生"学"的新的课堂教学方式和有利于学生发展的班级管理模式和学校德育模式,以达到教学质量与学生未来发展的需求及社会的要求相统一。

(7) 道德教育的力度与实际效果不相符合,特别是网络环境下学生的德育工作面临新的难题,学生厌学、逃学、迷恋网络、打架等现象依然存在。

(8) 学校如何教育家长、教育孩子,特别是"教师—家长—学生"学习共同体的建立如何更具有实效性,班主任的工作如何在新形势下更加深入人心。

以上问题的调查为制定课题方案、完善研究策略提供了依据。

基于以上原因,建立在以人为本基础上的"人本化校本管理"可以有效解决目前存在的教师职业倦怠和学生厌学的问题,提高教育教学管理的效能。

第二节　人本化管理研究的思想理论背景

一、以人为本是我国自古以来传统管理思想的精华

提到"以人为本",很多人会认为我们是学习西方的"人本主义"思想,其实在中国几千年的传统文化中,无不透视着一种"人本"的亲民、爱民、富民、不欺民等优秀传统。"民为邦本,本固邦宁"(《尚书·五子之歌》);"凡事皆须务本。国以人为本,人以衣食为本"(唐·吴兢《贞观政要·务农》)。其意思是说什么事情都要致力于根本。国家的根本是人民,人民的根本是穿衣吃饭……古人治国尚知只有"以民为本"才能形成"上下和睦,周旋不逆;求无不具,各知其极"(《左传·成功十六年》)的政通人和的德政氛围,形成人与人之间民主和谐的关系,我们今天治校更应"以人为本",大力倡导"人本向善"的文化理念,在传承我国几千年优秀文化的基础上,打造我们自己的符合时代发展的向善文化。孔子的"因材施教"其实也是以人为本,甚至比以人为本还要精妙。因此,我们学习西方的先进教育理念的同时更要充分挖掘我们本民族的传统教育文化精华,不能厚此薄彼、妄自菲薄,更不能非此即彼、崇洋媚外。新课程理念明确要求我们要体现"以人为本"的思想,我们在继承优秀传统文化的基础上,树立"以生为本"的教育教学观和"以师为本"的教师管理理念,实际就是落实新课标的要求,就是落实科学发展观的要求。

二、人本主义心理学为人本化管理提供理论依据

人本管理概念的明确提出是在20世纪60年代,到了80年代,该概念已经受到国内外企业的普遍重视。由于"人本管理"思想融合了管理的人文化趋势,体现管理的人性化,因此,一经提出就在企业管理以外的其他各个领域引起强烈反响并被运用于实践,其中包括学校管理。

随着人类社会的进步与发展,人们越来越认识到:科技进步和人类进步是密不可分的。科技发展既是人做出的,又是为人做出的。因此,科技进步应当促进社会和人的发展。但实际上,一方面科技突飞猛进,经济发展异常迅速,物质生活空前富足,另一方面人的精神裂变加剧,心理变态严重,人性日益异化。由此人们认识到单凭经济发展、科技进步甚至民主政治还不足以解决人类精神生活和价值追求的问题,必须引起全社会对人的尊严及其内在价值的重视,进一步

由"外部空间"的开拓转向"内部空间"的探索;充分发展人的潜能,促使人性的完美实现。由此诞生的人本主义心理学是以现象学和存在主义为基础,坚持以人为本和以整体人为对象,强调人性、动机、潜能、经验、价值、意向性、自主性、自我选择、自我实现和健康人格等一系列对个人和社会富有重大意义的问题研究。以现象学和实证主义为主的人本主义心理学的方法论,为人本化管理研究提供了可借鉴的研究方法,人本主义心理学的人性观和价值观对我们在人本化管理中对人的看法给予了明确的理论指导,特别是人本主义心理学的教育观更是为我们当今的新课程改革和教师管理提供了最新的理论依据。

三、人本化的校本教师管理体现了教育改革的需求

信息化社会的到来改变了人们的生活方式,更改变了组织的管理方式,自20世纪80年代初期,美国、英国等发达国家的政府和企业为应对社会的变革而进行了一系列的组织变革尝试,伴随着政府和企业的改革,这些发达国家的学校改革也从课堂层面转移到组织层面,教育行政部门赋予学校较多的自主权,实施校本管理。美国、英国、加拿大、新西兰、澳大利亚等国家的学校掀起了声势浩大的校本管理改革运动,特别是自1990年美国彼德·圣吉博士的《第五项修炼》发表以后,企业和各种组织都在探究组织的变革途径和可持续发展的策略,作为学校来说,各个国家都在"校本"的基础上寻求学习型学校的建设和发展,寻找成为学习型组织的方法和策略。可以说,在西方发达国家当中,由于传统与文化、体制与环境的不同,它们已经形成了非常系统的校本管理理论体系和管理文化体系,并取得了许多可借鉴的成绩。1985年,《中共中央关于教育管理体制改革的决定》发表,并随之进行了校长负责制、教职工聘任制、岗位责任制、绩效工资制的管理改革,但由于种种原因,除了比较发达的地区如上海、北京等地进行得比较彻底以外,全国大部分地区的改革基本上都是流于形式,没有实质性的变革。一些学校即使进行了变革,也并不是现代意义上的"校本管理",虽然也强调权力下放,但仅仅是把权力下放给校长,教职工并没有真正参与管理,所谓的民主管理虚多实少,再加上我们固有的传统管理理念的影响,使得大多数人不愿意改变,更不愿意放权。因而,除了民办学校和个别发达地区的中小学以外,基础教育学校几乎没有办学自主权,特别是没有真正实行聘任制的人事管理权,在此背景下的校本管理效果如何可想而知,所以对校本管理及有关校本方面的研究也就相对滞后。自2000年国家实行新课程改革以来,为应对变化了的课程标准,校本培训最先开始并取得了一定成效,因此大家逐渐将视角伸向有关"校本"的领域,同时大量翻译了西方国家许多关于校本管理和学习型学校建设方面的书籍。2002年,广东高等教育出版社出版了中山大学黄巍主编的《校本管理研究

丛书》，包括：《校本管理：理论、研究、实践》《校本领导：校长专业发展》《校本培训：教师专业发展》《校本管理：学校品牌经营》，比较系统地对校本管理的理论与实践进行了论述。但其研究基本建立在借鉴西方校本管理的有关理念与思想基础之上，包括所举案例也是西方管理体制和文化背景下的学校管理模式，他的研究成果对我国现行的民办学校和发达地区的公办中小学进行校本管理具有较大的参考意义，而对于大多数的普通公办中小学来说，借鉴意义较小。对于校本教师管理的研究来说，国内专门的研究较少，龙君伟著的《校本人力资源：开发与管理》比较系统地从校本人力资源开发与管理的角度阐述了校本教师管理的问题，但主要也是借鉴西方发达国家的案例和理论加以论述，虽然具有较强的借鉴意义，但在具体的管理实践中，仍缺乏具体可操作的比较符合我们自己实际的东西。从百度搜索有关人本化校本管理的网页达 18 630 篇，但多数以某些学校介绍自己学校的简单做法为主，系统的研究较少。可见，基于我国中小学实践的具体可操作的人本化校本教师管理研究是当前急需解决的问题。

第三节　人本化管理研究的内容

一、学校人本化管理的定义

何谓人本化管理？即以人为本的管理，是实现以人为中心的管理。它的实质就是做好人的工作，提高每个人的素质，规范每个人的行为，调动每个人的积极性，发挥每个人的创造精神。它通过确立人在管理过程中的主体地位，从而调动人的主动性、积极性、创造性，以实现组织目标和促进人的全面发展。它以尊重他人人格为基点，努力关心并尊重个人需要和人与人之间个体差异的权利。以人与人之间情感为纽带，造就相互理解、团结合作的工作环境，达到高效率、高质量的目标。1996 年，国际 21 世纪教育委员会提出的《教育——财富蕴藏其中》报告，强调要把人作为发展中心，人既是发展的第一主角，又是发展的终极目标，应该使每个人都能发展、发挥和增强自己的创造潜力，也应有助于挖掘出隐藏在我们每个人身上的财富。著名管理学家陈怡安教授把人本管理的精髓和最高准则提炼为三句话：点亮人性的光辉，回归生命的价值，共创繁荣和幸福。这三者是一个整体，在组织管理中，只有做到三者的完整结合，才能较全面地体现人本管理的目标和宗旨。

"校本"有四种体现方式：校本研究，校本培训，校本课程和校本管理。其中，校本研究是起点；校本培训是中介；校本课程开发是落脚点；而校本管理则贯穿、渗透在它们之间,起着协调、统合、组织和保障的作用。因此,校本管理渗透在学校管理的角角落落,任何一种校本的活动都离不开校本管理,而校本教师管理则是校本管理中的重中之重,因为教师既是学校被管理的主体,又是管理的主体,学校的一切教育教学活动都必须通过教师来实现。

因此,人本化校本管理是建立在以人为本的基础上,以学校为本位或以学校为基础,以教师、学生为研究主体的管理模式。

人本化突出强调教职工和学生在管理过程中的主体性地位,学校管理者首先要把教职工和学生当做管理的主体来看待,他们既是被管理者又是管理者,强调在充分尊重人的基础上,发挥人的自主管理的主动性。校本管理就是基于本校、为了本校、发展本校的管理思路或模式。人本化校本管理是一种以权力下放为中心的学校管理思想和模式,其核心就是强调教育管理重心的下移,其主要特点是通过权力下放来实现学校自主管理和共同决策,使学校全体同仁凝聚和达成共识,提高学校的活力和办学效益。通过学生的管理参与,提高学生自主管理的意识,引导学生逐渐形成自律、自主、自强、自发的优秀品质。实现学校管理从"外控式管理"向"内控式管理"的转变和校长、教师、学生及其家长等新角色的转变,这种"以学校为本"的含义在于:以学校中人文化的教师和学生为对象而开展管理,以解决目前普遍存在的教师职业倦怠、学生道德滑坡和学习兴趣不足问题为目标,促进学校的和谐发展。它既是一个学校内部新的文化管理机制的建立过程,也是一个促进教师、学生自主发展、自主成长的过程。推行校本管理是全面实施素质教育的需要,也是新课程顺利开展的制度保障,更是教师专业化成长、构筑学习型学校、实现素质教育的有效途径。

学校人本管理的涵义应包括以下几层:① 依靠人(教师和学生等)、发展人——全新的学校管理概念;② 开发人的潜力——最重要的学校管理任务;③ 尊重每一个人——学校行为的最高标准;④ 打造高素质的教师队伍——学校发展的基础;⑤ 凝聚人的合力——学校工作有效运转的重要保证;⑥ 人的全面发展——学校管理的终极目标。

关于"人本校本管理",可从以下两个层面去理解:其一,从教师、学生本体来说,首先在于教师对自身"人"的发现、对人性的自我唤醒,教师把自己视作管理主体,努力改变"受动者"的角色;其次积极、主动参与学校管理的过程是"人本化"的一个层面。其二,"人本管理"高度重视"人"的作用,将"人"(教师与学生)的因素放在管理的诸因素之首,因而从教师、学生外部层面来说,"人本化"是外控管理因素(学校、领导、学生、社区、家长)对教师、学生在管理中地位的承认形式和程度。"以人为本"既是现代管理的一种理念,也是管理的手段和目的。"人本化"的教师管理,就是凭借"人本"的手段,实践"人本"理念,实现"人本"目的。

二、人本化管理研究的几个原则

1. 主体性原则

把教师、学生当做校本管理的主体来对待,管理的最高境界是自我管理,而要达到让教师、学生从自律、自醒到自我发展,就必须把师生当做管理主体,让师生成为校本管理的主人。

2. 实效性原则

把校本管理当做管理效能提高及解决教师职业倦怠和学生厌学的过程来实施,不流于形式,不搞空泛的理论,而是实实在在地进行草根式(即"小"而有基础,"牢"而有代表)的研究,所有研究都以解决管理中的问题为目的。

3. 发展性原则

把管理当做学校和师生共同发展的过程来实施,学校要发展,师生必先发展,校本管理的目的就是为了最大限度地促进师生和学校的共同发展。

三、研究的目的和内容

1. 研究的目的

(1) 研究力图通过人本化校本管理体系的建立,特别是通过人本化管理机制的建立解决日益突出的教师职业倦怠问题,促进教师的专业化成长,激发教师的职业幸福感。

(2) 构建能体现学生主体的人本化的课堂教学模式和班级管理模式,突出学生的主体地位和教师的主导作用,让每个学生在教师的引领下成为学习的主人、成长的主人,让每个学生的强势智慧都得到充分发展。

(3) 构建基于本校特点的人本化的学校文化管理体系,建立全体职工认同的共同愿景,打造人文校园,实现学校的文化管理。

2. 研究的内容

建设解决教师职业倦怠,促进教师健康发展、学生全面发展,推进学校和谐发展的长效机制。经过综合论证并结合本校实际,我们认为应该从以下几个方面着手:

一是以人本化校园文化为引领,建立全体教师、学生认同的共同愿景,打造促进教师、学生发展的校园文化。

二是以人本化机制和体制作保证,建立促进教师、学生健康发展的人本化机制和管理制度体系,建立"拥抱式组合、一体化管理、过程性考核、绩效型管理"的管理体系,关注教师职业生活质量、学生的学习兴趣。

三是建立学校各种学习共同体和民主科学化的校本考核管理系统,关注教师工作全程,公正评价教师工作,激发教师工作、学习的积极性。

四是建立促进学生全面发展的考核评价体系,特别是中学生过程性评价体系的建立和小学生激励性评价体系的建立,促进学生的全面发展。

五是改革课堂教学模式,建立"生本化"课堂教学方式,通过"学案式教学"新常规的建立,促进教师真正实现因材施教,促使学生真正成为课堂自主学习的主体,克服学生的厌学情绪。

第四节 人本化管理研究的理想模型

学校人本化管理就是建立在以人为本的基础上,以教师、学生为主体的管理模式。借鉴中国传统文化的管理思想精华和西方发达国家的现代管理艺术,突出强调满足教师被尊重的需要、自我价值实现的需要,促使每个教师都得到充分发展;强调教师作为管理主体的潜能开发和内心体验,促使每个教师最大限度地发挥自己的创造性,提高自己发自内心的幸福感;强调管理重心的下移和教师作为管理主体的积极参与以及自我管理的重要性;强调建立以情感为纽带的和谐人际关系和以合作互助为主体的团队意识,突出教师作为人的主观能动性的激发,从而最大限度地发挥、调动人的学习激情和工作热情。

在这一管理模式中,校长与教师之间、教师与教师之间都是平等的合作关系,大家互相尊重、互相帮助、互相学习,为了学校的共同愿景目标而工作着、幸福着、学习着、快乐着;在这一管理模式中,教师既是被管理的主体,更是管理的主体,教师的管理是靠人文化的共同认同的制度和文化来执行,教师管理办法的制定更多的是靠教师根据工作的需要而自行制定的共同遵守的规范,教师的工作行为更多的是一种发自内心的需要和追求,是在共同文化愿景引领下的一种自动自发的行动;在这一管理模式中,教师与教师之间、教师与领导之间和谐共处,共荣共生,互相关爱、互相理解、互相支持,形成一种其乐融融、又积极进取的氛围。

第五节 人本化管理研究的方法

一、人本化管理研究的方法

人本化管理研究的方法包括:

1. 问卷调查

重点对不同类型教师的心智模式缺陷进行隐性问卷调查和不同类型教师的不同需要进行显性调查，对全体教职工、学生、家长进行"成为优秀学校的20个要素"调查，确立学校的共同愿景和改革策略。对教师的工作指数状态、职业感幸福指数、爱岗敬业指数、和谐合作指数进行研究前后的对比性调查。

2. 座谈交流

针对调查过程中发现的问题进行座谈，采用个别交流和集体交流等多种形式，探究各个方面的问题。组织全体教职工分组进行学校愿景文化、学校管理制度、组织内部结构调整等的讨论分析。特别是"头脑风暴"的实施，既扩大了全体教职工的参与度，又在充分发扬民主的基础上，挖掘了每个教职工的智慧潜能，增强了管理的透明度和各种管理办法的认同度。可以说，这是一种真正意义上的人本化管理的具体的操作方式。

3. 比较研究及文献分析

注重研究前后的调查比较和对相关文献的分析比较，既避免重复研究又从中获得相关的理论支持，紧紧抓住"人本"和"校本"两个方面，结合学校实际进行研究，边实践边研究，以求探究一个适合于时代发展的比较科学的校本教师管理策略。

4. 实践研究（行动研究）

本研究是把教师管理的"人本化"和"校本化"有机结合在一起的实践研究，在"校本"管理中突出强调"人本化"的管理模式探究，具有广泛的实用性和生活指向性。其优势是可以将改革理念变成实践经验，通过在学校中的尝试不断进行调整和检验，在实践行动中探索因校制宜的典型经验。

本课题的研究方法和研究方式与以往的课题研究相比较具有一定的变化：

（1）从学理的探讨到问题的探讨到解决问题的探讨。过去的研究是我想研究，被研究者没有发言权，而人本化的管理就必须让被研究者参与进来，变成合作者，从过去垂直的管理到平等的管理，从普遍意义的人性化的管理到有个性的人的积极性的调动。

（2）研究方法本身就是管理方法的变革。问卷调查本身是民主管理的具体方式之一，座谈交流既是研究方法，更是沟通的方法，是人性化管理的重要手段；讨论分析，让管理者参与进来，既是群策群力、解决问题的最好方式，更是权力下放，让被管理主体成为管理主体，发挥其主观能动性的最好方式。

（3）本课题是基于实践的行动研究，是边实践边研究、实践与研究同步进行的，是理论指导下的具体实践研究和实践过程中的经验总结与理论提炼相结合的一种方式。

二、专家引领及问题诊断

专家为教师开展课题研究提供必要的帮助和指导,课题研究就可以少走弯路,特别是中央教科所的专家,他们都是中国教育前沿理论和实践研究的带头人,经多方联系,课题组准备与中央教科所的吴安春、程方平两位教授合作,在理论上得到他们的支持,能明确研究的方向、策略、方法以及理论的准备和实践的可操作性,畅通理论信息,转换思维方式,转变传统的校本研究观念。特别是在梳理人本化校本管理的概念界定和研究思路,指导具体的研究方法方面,专家都会为我们指明方向。

第二章 人本化校园文化

第一节 人本需求的调查与引领

一、教师类型调查

教师不仅是教学的实施者,而且是教学的组织者。无论是班主任老师还是其他任课老师,在教学过程中绝非简单的教学计划执行者,还是策划、创造、组织、研究等多种复杂劳动者,扮演了复合型的角色。在学生心目中,教师是他们最受尊敬的领导,是最可亲、最可信的朋友。学生有可能不认识自己的校长,但对自己的班主任、自己的任课教师,始终保持着近距离,甚至一直都会记住他们、尊重他们。从这一意义上讲,教师与其他职业相比,更富有自尊性。此外,教师也是普通人,也有普通人所具有的不同烦恼,因此,对教师进行心理疏导和精神引领至关重要。只有每个教师心灵宁静,才能形成共同的文化愿景,并在此文化的熏陶下自觉形成学校行为的习惯,潜心育人。而要对教师进行心理疏导和精神引领,就必须摸清教师脉搏,就必须进行调查分析。

由于教师职业的复杂性,教师群体自然就形成了一个类型复杂的群体,在对教师众多分类当中,难免有损部分教师的自尊。因此,我们从纵向分类,把教师分为事业型、专业型、职业型、偏管理型和特长型几种类型,然后通过问卷调查的形式探究不同类型教师的不同需要。通过自我诊断式调查显示,我校教师分类情况与各自特点如下:

事业型的教师(占 49%) 此种类型的教师具有较高的思想境界和良好的道德品质。他们把教育当做一项崇高的事业来追求;他们好学上进,不断更新自己的教育教学方法,力图使自己的教育教学适应学生的发展;他们为学生的终生发展负责,具有强烈的责任心和事业感,心里始终想着学生,真心实意地爱学生;他们具有比较宽广的胸怀,有容人的雅量,处理问题中规中矩,思路清晰,同事间关系融洽;他们工作着、快乐着,有着无穷的干劲和力量。这部分教师是学生发展的领路人,是学校发展的中坚力量。此种类型的教师精神需求远大于物质需求,他们希望自己的工作能被人认可,希望得到领导的赏识、学生的爱戴、家长的认可和社会的承认,有较高的事业追求和学术愿望。

专业型的教师(占23%) 此种类型的教师是学校教师中的骨干力量,他们有端正的工作态度和对教育工作的正确认识,个人专业知识丰富,专业水平较高。但由于自己的思想境界没有达到事业型教师的水平,所以对事业的追求主要体现在个人专业发展上,对与自己专业无关的事情兴趣淡薄。此种类型的教师非常注重他人对自己专业水平的评价,一般教学质量较高,是学科教学带头人。

职业型的教师(23%) 此种类型的教师把"教师"当做一项自己谋生的职业,他们自我要求不高,工作过得去就行;教学成绩一般,凡事讲实惠,功利心较强,不到评职称时不去写论文,不到评职称时不愿当班主任,管理也不见长。在教师群体当中,这种类型的教师大多容易被忽视,或不受关注,得不到培养,工作表现为满不在乎、缺乏激情,但内心深处渴望被关注、被尊重、被赏识。这部分教师大多基本素质也不一定差,只是由于各方面的原因(包括自己的性格)造成其工作学习的欲望下降,产生了明显的职业倦怠感。

偏管理型的教师(4%) 此种类型的教师以管理见长,专业水平不一定突出,但教学成绩不会差,一般是学校很好的班主任,具有较强的组织管理能力。他们希望参与管理,有较强的参政意识。

特长型的教师(1%) 此种类型的教师一般有比较突出的特长,因而个性较强,一般比较难管理,属于"顺毛驴"型的。此部分教师往往会出现两极分化,一是因为特长明显而成为学校的品牌和特色,二是因为个性太强而成为学校的反面人物或刺儿头。

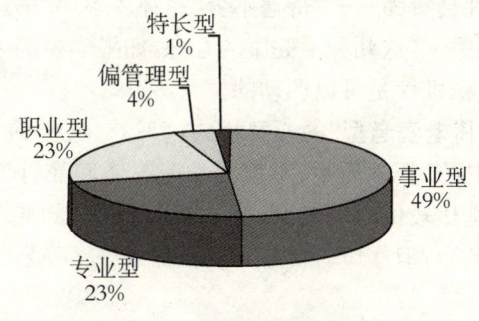

图2-1 教师类型调查统计图

二、心智模式不同特点与缺陷调查

心智模式是认识心理学上的概念,指那些深深固结于人们心中,影响人们认识周围世界以及采取行动的许多假设、成见和印象,是思想的定式反映,是人们思想方法、思维习惯、思维风格和心理素质的反映。心智模式的形成受人们所经历的环境、人的性格、人的智商和情商以及逆境商的影响,并要经历漫长的过程。心智模式影响人们的思想和对周围事物的看法,也影响着人们的学习和生活方式。心智模式是一种思维定式,不同的心智模式导致不同的行为方式。当我们的心智模式与认知事物发展情况相符时,就能有效地指导行动;反之,就会使自己好的构想无法实现。很多人不愿意承认自己的心智模式存在缺陷,更不会自觉地去进行改善心智模式的修炼。心智模式一经形成,就非常难改变。心智模式的缺陷,彼得·圣吉称为"隐在心灵暗处的顽石"。所以,心智模式的改善与修炼,无论是对个人或者是对组织来说,都是至关重要的。

经过自我诊断性调查梳理,学校一般教师心智模式存在的缺陷和问题以及潜在的发展能力有以下四种类型:

A型——属于"麻木抵触型"的心智模式(10%) 这样的教师抵触学习和改革。他们受个体心理因素——"舒适地带"的影响,觉得学习和改革对自己来说是无意义的,可能以往的努力曾遭受过较大的伤害。这样的教师有待于增强危机意识和点滴努力的充分赏识。

B型——属于"稳如泰山型"的心智模式(14%) 这样的教师对外界的变化无动于衷,漠不关心。他们受职业特点——"风险趋避"的影响,认为自己的职业稳如泰山。尤其是中老年老师,他们已经有稳定的职业、家庭,所以他们不想改变,自信和自卑的心理特征交织在一起,有待激励和调整。

C型——属于"同行嫉妒型"的心智模式(6%) 这样的教师自己不求上进,不愿学习。他们受社会负面——"待遇不公"、"怀才不遇"的影响,存在着"官气、骄气、怨气、泄气、不服气"这几种不健康的心态,如果学校的风气好,具有多元化的发展激励机制,其积极性是可以调动的。

D型——属于"倚老卖老型"的心智模式(4%) 这样的老师认为凭自己多年的经验,能保证和提高教学质量,不需要学习。他们受行为习惯——"经验主义"的影响,一般曾是比较优秀的老师,曾经取得过骄人的成绩和荣誉,在保守的环境中可以稳坐钓鱼台,但在应对挑战和积极探索中,年轻老师和学生的优势会对其形成压力。

不同类型的教师心智模式的类型不同,其存在的缺陷和本身具有的潜能也不同,学校管理首先要针对教师不同的心智模式特点、缺陷和潜在的发展能力制定不同的心智模式改善策略,对症下药,才能培养出学习型教师和学习型组织。

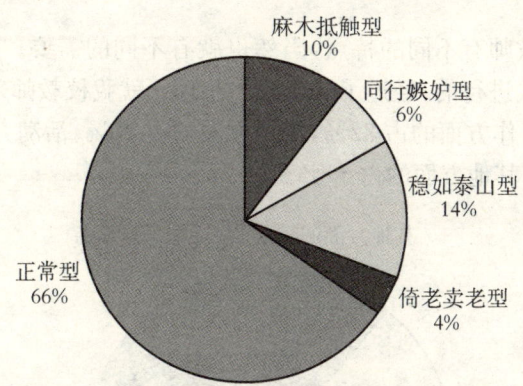

图 2-2 教师心智模式情况调查统计图
(隐性问卷调查)

[附件一]

教师心智模式缺陷和自我改善方面的调查问卷

序号	内 容	是	否
1	当前学校进行的各种改革对自己很有意义		
2	学校组织的各种学习对自己很有帮助		
3	我们现在的生活状态不如以前舒服		
4	社会的改革和变化一般不会对教育冲击太大		
5	就目前来说,教师的职业仍然具有较高的稳定性		
6	新课程的改革不过如此,只要最后拿出成绩就行		
7	教师之间的待遇差距应该按考评成绩拉大一些		
8	教师的评优应该轮流坐庄		
9	教师不用再学习也没有问题		
10	教师应该经常反思自己的教学和教育方式		
11	我们教师都应该学会变换角度去看问题		
12	当自己的愿望与现实不一致时应从现实出发		
13	教师就是个人干个人的,合作没有多大意义		
14	"以学定教"不过是说说而已,谁能真那么干		

三、教师需要调查

不同类型的教师有不同的特点,当然也就有不同的需要。此项调查我们是采用随机调查形式进行的,经过了认真分类整理。就我校教师来说,其不同的需要有如下几种:工作方面的占32%,精神方面的占20%,活动方面的占25%,生活方面的占12%,其他方面的占11%。

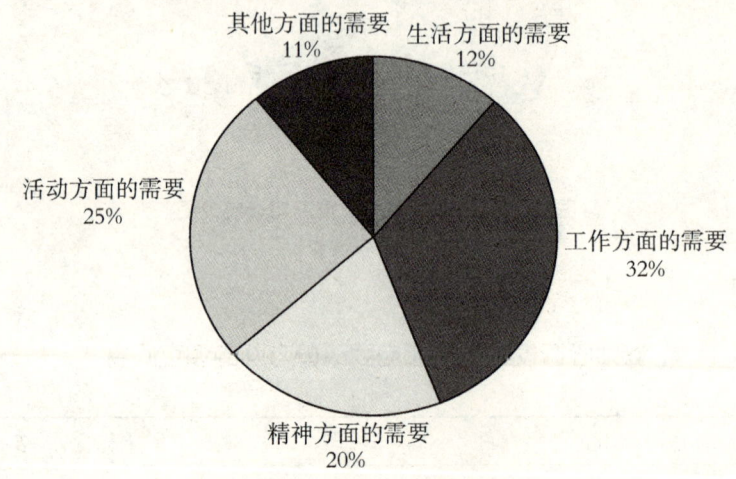

图2-3 教师需要调查统计图

[附件二]

学校教师需要调查问卷

老师们,一个组织改革的目的不外乎有以下几点:一是提高组织的核心效益;二是最大限度地满足大多数人在不同方面的不同需要,激发个人的创造力,从而推动组织的发展;三是最大限度地满足服务对象的需要,提高自身的社会美誉度。作为学校来说,我们的核心效益就是教育教学质量的真正提升,而教育教学质量的提升不仅仅限于学生的考试分数,满足全体教职工和服务对象的不同方面的合理需要也将是我们下一步改革的一个着力点。因此,恭请老师们仔细考虑,将自己在不同方面的、学校能办到的最需要的2~3件事情写下来,以便于学校参考。

序号	内　　容	需　　要
1	生活方面的需要(家庭生活、学校生活……)	
2	工作方面的需要(工作环境、工作方法、工作条件……)	
3	精神方面的需要(被信任的需求、被尊重的需求、学习的需要……)	
4	活动方面的需要(读书活动、文体活动、娱乐活动……)	
5	其他方面的需要	

为促进学校共同文化愿景的形成,我们还作了"对胜利第五十九中学进行现状分析调查"和以"'头脑风暴'方式进行'成为优秀学校的20个要素'调查"。

调查一:对胜利第五十九中学进行现状分析调查(SWOT分析)(调查分析表见表2-1)。通过对学校现状调查分析,引导老师了解学校在地理环境、学校规模、硬件设备、教师队伍素质、行政人员素质、学生来源素质、家长资源、社区资源、地方资源等各方面的优势(S)、劣势(W)、机遇(O)、挑战(T),从而统一全体教职工的思想,凝聚人心,增强教职工的危机感,坚定信心,抓住机遇,迎接挑战。该项调查在全体教职工中进行,最后经过统计筛选后在全体教职工大会上由老师进行宣讲,达到了很好的教育效果。

表2-1　胜利第五十九中学现状分析(SWOT分析)

因素	优势(S)	劣势(W)	机会(O)	挑战(T)
地理环境	位于较大的住宅区内,人口密集,交通便利,并且小区在逐渐扩大,周边单位较多,家校联系方便	教学楼靠近公路,噪音大;环境复杂,流动人口多;空间小	新住宅区的建设,校园环境的美化	周边学校较多,尤其是11中、7中、三小;环境复杂,安全隐患较多
学校规模	在校学生多,有自身办学特色,规模在不断扩大,办学条件完备	空间布局受限,规模扩大较难;班额较大,不利管理;校内布局不尽合理	扩大规模,成为颇具规模的九年一贯制学校;发展特长生	学生过多,不利管理;周边同类学校较多

续表

因素	优势(S)	劣势(W)	机会(O)	挑战(T)
硬件设备	配备较为齐全,提高了教育教学效率	设备逐渐老化,不能及时更新;体育器材较少,场地小	加大硬件设施投入,管理人员素质较高	维修保养不及时,过分依赖硬件设施,网络威胁
教师队伍	整体素质高,老中青结合,绝大多数教师非常敬业	教师培训范围小,职业倦怠感强,人员较多不利管理,名师较少,层次不一	增加培训机会,加强教师专业培训,提高教师知名度,培养优秀教师	队伍老化,人员超编,岗位结构不平衡
行政人员	素质高干劲足,爱岗敬业,管理水平高,服务态度好	人性化不够突出,缺乏创新精神,分工不细	提高敬业精神,提高管理素质,帮助教师解决一些实际问题	群众评价不高,分工不明确,过于安逸
学生资源	生源充足,数量逐年上升	生源良莠不齐,管理难度大,部分优良生源流失	择优录取,培养特长生,突出班主任的作用,小班化留住生源	不良生源对学生队伍的负面影响,周围学校争夺生源,生源杂
家长资源	层次丰富,多数家长认真负责,大力支持,积极配合学校工作,企业来源多	家长素质参差不齐,部分家庭教育环境差,文化层次偏低	办好家长学校,加大宣传力度,及时与家长沟通	家校结合不好,个别家长的不利宣传,信谣传谣,少数家长不负责任
社区参与	可用资源较多,比较关注学校,沟通合作机会较多	社区主动参与少,与学校管理结合不紧密,投入太少,没有为老师提供必要的便利	加强沟通,联合组织展示活动,开展学生社会实践	工作程序过于复杂,对学校的认同感差
地方资源	周边企业资源较多,开发空间大	地方传统资源太少,企业资源利用不足	校地联合共建,积极挖掘可用资源,开展学生实践活动	地方保护主义,交通安全

调查二: 以"头脑风暴"方式进行"成为优秀学校的20个要素"调查。该项调查是以年级部为单位进行,借用现代企业的"头脑风暴"形式,人人参与,参与时不评价、不讨论,找出所有的要素后再讨论排序,最后投票选出前20个要素,各级部汇总后再由骨干教师组成讨论班子,对各级部出现不同意见的条目进行

讨论排序。对于家长和学校周边社区的各个层次的相关人员进行问卷调查,最后经过分类统计得出成为优秀学校的20个要素。

表2-2 优秀学校具备的20个要素

序号	要素
1	高素质的教师队伍
2	先进齐全的硬件设备
3	意识超前、真抓实干、有凝聚力的领导班子
4	良好的校风
5	学校教学质量高
6	公平合理完善健全的制度
7	浓郁有特色的校园文化
8	培养学生德智体各方面优秀率高,全面发展
9	真正的人本化管理
10	优美的校园环境
11	优良的教风学风
12	有良好声誉,社会、家长、学生满意率高
13	良好的职业道德
14	舒心和谐的工作环境
15	鲜明的办学特色
16	家长学校建设好,家校联系密切
17	丰富多彩的校园活动
18	有效的校本培训和校本教研
19	图书资料丰富,利用率高
20	先进的教育理念

通过成为优秀学校的20个要素调查,找到了学校努力的方向和目标,更找出了学校工作的切入点。同时确定了胜利第五十九中学的愿景目标:让每位教师都具有和谐幸福的人生,让胜利第五十九中学成为人人向往的同类好学校,让每个学生的强势智慧都得到充分发展。

以上几项调查显示,不同类型的教师有不同的特点和需求,他们有强烈工作的需要、精神满足的需要、健康生活的需要等。同时,在改革过程中又有近43%的教师出现种种心智模式缺陷,对他们有针对性地进行心理疏导和精神引领至关重要。因此,从2007年底开始,学校领导以公开的书信形式通过一篇《给自己的心灵洗个澡》与老师们展开了心灵的对话。

[附件三]

给自己的心灵洗个澡
——写在自我改变系列前面

老师们:我们已经风雨兼程地经历了五个年头。五年来,我们经历了重重的坎坷和磨难:资金的匮乏、条件的简陋、环境的复杂、理念的陈旧、方法的落后……如今,我们已经克服了重重困难,度过了一个又一个难关,完成了我们胜利第五十九中学由弱到强的一次质的蜕变:由优秀生源大量流失到如今的生源爆满,由家长们怨声载道到家长们的交口称赞,由老师们的唉声叹气到老师们的扬眉吐气,我们实现了学校声誉的突变;校容校貌由破烂不堪到现在的里外换新颜,内部设施从无到有,从旧到新,我们实现了学校发展硬件方面的突变;理念的转变、方法的改变促进了老师们从一般到优秀的转变,一大批年轻教师的脱颖而出,一批批名师的茁壮成长无不昭示着我们的教师队伍实现了适应新课程发展的飞跃性突变;我们从一所曾经"领导、家长认为较差"的学校,变成今天胜利教育管理中心要全力打造的亮点学校,变成胜利教育管理中心连续两年在此开现场会的学校,变成家长放心、学生愿来的学校,我们从十年内没有达标的学校到今天变成东营市规范化学校、校本培训示范学校、市实验室建设示范学校、市文明校园……而所有这些质的变化不都是我们全体教职员工五年来辛勤耕耘的结果吗!我们应该感到自豪,我们已经乘上了新时期快速发展的高速列车,奔跑在时代发展的快车道上。

是的,我们有过"三连冠"的辉煌历史,我们更有过"质量走低、校风日下、生源流失"的沉痛教训,如今,我们又通过辛勤的努力迎来了胜利第五十九中学快速发展的新起点,难道我们不应该珍惜吗!我深知,改变是痛苦的,当我们习惯了的东西要丢弃,当我们熟悉的方法要变更,当我们熟悉的制度和做法要改变时,谁都会出现不适应,这都是正常的。但时代的发展不会因为我们的不适应而减慢半步,历史的车轮滚滚向前是谁都阻挡不了的,我们唯一能做的就是改变自己,适应发展了的时代。当然,在这痛苦的改变过程中,会出现各种各样的众生相:有的人欣喜,改革使自己受益无穷;有的人木然,总觉得改革离自己很远;有的人很累,总觉得自己跟不上步伐;有的人抵触,总觉得改革会冲击到自己的利益……于是乎,心理的不平、心中的怨恨、所有的烦恼、身心的疲惫……都会一股脑儿地涌上心头,使你感到郁闷、烦躁、不安。而所有这些现象,都是我们所处的变革时期的一些正常现象,大家不必苦恼,我们所做的就是要调整自己的身心,改变自己的行为和生活方式,同时学会调适自己的心灵,闲暇时要给自己的心灵洗个澡,洗去已有的尘垢,洗去已有的怨气,还原一个灿烂的自我!

在人生的旅途中,最糟糕的境遇往往不是经济的贫穷,不是厄运的降生,而是精神的贫穷和心境的疲惫:感动过你的一切不能再感动你,因你的私欲越来越强;吸引过你的一切不能再吸引你,因你的心思太重;甚至激怒过你的一切不再激怒你,因你的明哲保身围绕着你……此时,我们就应该学会给疲惫的心灵洗个澡,给困乏的精神松松绑,请耐心读完下面(以后即将陆续写给大家)的一些文字,它会给我们每个人今后的生活带来启示,它将带我们的心灵踏上新的绿洲,找回已去的激情,迎来崭新的自我……

(任光升执笔)

学校领导分别在教师培训中与教师进行谈话式讲座,针对他们在日常工作中出现的责任心不强的现象,以"做一个负责任的自己"为起始,展开了与他们以"我怎样为学生的发展负责"为主题的讨论交流,让他们在讨论中提升自己的责任心和使命感。

针对部分教师不善于读书学习的情况,以"做一个有文化品位的自己"为主题开展第二轮讨论,引导教师开展"怎样才能提升自己文化品位"的讨论。

[附件四]

做一个有文化品位的自己
——教师自我改变系列之一

前几天与几位校长座谈交流,其中一位校长说了这么一句话,耐人寻味。他说:"现在有的人有知识没文化,有的人有文化无品位。"由此我想到了自己,教书育人这么多年,我算是一个有文化的人吗?即使算是一个文化人,我是一个有文化品位的人吗?细细想来,我离一个真正的文化人应该还有较大差距。教育改革的不断深入,对教师的发展不断提出新的期待,于是,教师的专业发展便成了当前教育界的一个热门话题。然而,或许是部分教师把教师的"专业化"理解得狭隘了一点。把教师对教材的熟练把握以及对教学方法和教学技能的掌握看成了"专业化"的全部,使得部分教师渐渐成为有知识而缺少文化的"知识分子"。北宋教育家胡安定说过:"致天下之治者在人材,成天下之材者在教化,职教化者在师儒,弘教化而致之民者在郡邑之任,而教化之所本者在学校。"他主张选择"性明志通德隆之士,掌教化之事,兴庠序,招天下之英才而教育之,以广教化之施"。学校是培养人才的地方,培养人才的人首先要成为人才。学校是传播文化的地方,而教师作为文化的传播者首先要成为有文化品位的人。那么,怎样才能做一个有文化品位的人呢?我想应该有以下几个方面:

一、一个有文化品位的人要有深厚的传统文化功底

几千年的中华文明,浩若烟海的灿烂文化,给我们的生命提供了肥沃的土壤,为我们的心灵提供了阳光雨露,让我们的精神不断得到滋养。传统文化是人类几千年文明不断积淀的精髓,是中华文化生生不息的传承。作为教育者理当成为中华灿烂传统文化的受益者和承继者,让传统文化的精华成为我们思想的源泉、工作的指南。学校是文化传播之地,教师是文化传播之人,而要真正担当起文化传播的重任,则必须具有深厚的文化功底。文化是一个国家和民族的生命,如果一个国家没有了文化,就等于没有了生命,那么可不可以说,深厚的传统文化功底则是一个教师之所以为师的根本?在我国古代文化宝库中,《老子》《论语》《孟子》《大学》《中庸》……《三字经》《弟子规》《增广贤文》《幼学琼林》……无不闪耀着先贤们思想的光辉和智慧的精华,是我们几千年传统教育文化的精髓,教师理应读之解之。从老庄到孔孟,从胡(胡安定)王(王阳明)到朱熹,到近代的陶行知、叶圣陶……他们的教育智慧,经过了历史的淘洗,是我国传统教育文化思想的精华,对指导我们当今的教育教学改革不无启迪和裨益。我们把"天人合一"看做中国文化的基本精神之一,在中国文化中,虽然不同派别对此有不同的理解与描述,但其核心的思想都突出强调:人与自然的和谐、人与人的和谐、人与社会的和谐。在和谐的基础上体现了"自强不息"的奋斗精神、"以人为本"的人文精神、"厚德载物"的包容精神。老子说:"人法

地,地法天,天法道,道法自然。"(《老子·第二十五章》)孔子说:"天何言焉?四时行焉,百物生矣。"(《论语》)孟子说:"尽其心者,知其性;知其性,则知天矣。存其心,养其性,所以事天也。"(《孟子·尽心上》)诸多论述无一不是鼓励人们要志存高远、刻苦坚韧、逆境奋斗、乐观进取、革故鼎新等"自强不息"的奋斗精神。孟子的"天时不如地利,地利不如人和"(《孟子·公孙丑下》),孔子的"未能事人,焉能事鬼"(《论语》)……都表达了"人是万物之灵"的人本思想。古人的法天效地和天行健、和合、仁爱等思想充分体现了一种"厚德载物"的包容精神。中国文化中强调人与自然和谐相处的"天人合一"的思想,对于解决由于人的过度掠夺导致日益恶化的自然环境问题更具有现实的意义,同时对于解决现代人的精神问题也具有指导意义,因为现代社会的科技进步摧毁了传统信仰,生存竞争导致生活紧张乏味,物欲横流导致功利思想严重,可以说现代人面临着前所未有的精神困境。"天人合一"思想可以使人们从世俗的功利中挣脱出来,达到"与天地参"的境地,实现生命的自由,达到心灵的净化。

在传统文化当中,还特别强调"为人省己"。"为人"则首先强调忠孝为先,所谓忠君报国实为爱国之心,所谓孝悌则为百善之首,人之为人,则必"爱家、爱人、爱国"。"爱家"则以孝为先,"弟子入则孝,出则悌,谨而信,泛爱众而亲仁"(《论语》)以及"老吾老及人之老,幼吾幼及人之幼"。"爱人"则十分注重贵和尚中,将不同的事物尽力做平衡,主张和而不同,所谓"礼之用,和为贵;小大由之,有所不行,知和而和不以礼节之,亦不可行也"(《论语·学而》)。"君子和而不同,小人同而不和"(《论语·子路》),"己所不欲,勿施于人"等。"爱国"则重点强调"天下兴亡,匹夫有责"的责任感,同时崇尚"修己安人,以国为本;以身许国,精忠报国"等高尚品质。这些优秀文化的继承与发扬对于我们当今着力打造和谐社会具有深远的影响和意义,这同时也是我们学校目前和今后所必须进行教育的主要内容之一,社会竞争的加剧、教师压力的增加、学生亲情的淡漠……使得当今学校必须加强爱国主义教育、感恩教育和人本管理,而这些教育的进行不正是传统文化的继承与发扬吗!"省己"则首先要修养品行,立志自强。孔子说:"吾日三省吾身:为人谋不忠乎? 与朋友交而不信乎? 传不习乎?"……一部中国教育史实则为修身养性史,孔子的"立志、克己、力行、中庸、内省、改过",孟子的"持志养气、动心忍性、存心养性、反求诸己"……无不与修身息息相关。其次是注重人格,崇尚气节。孔子的"杀身成仁","先人后己,舍己为人";

孟子的"养浩然正气","舍生取义"……形成了中华民族为追求真理而崇尚气节、崇尚操守的精神。再次是诚信笃实,知行合体。孔子说"知之为知之,不知为不知,是知也";老子说"信言不美,美言不信";孔子说"言必信,行必果";王守仁说"知是行的主意,行是知的功夫,知是行之始,行是知之成"。所有这些都强调的是诚实守信、知行和一。培养我们的学生成为志存高远、报效国家、舍己为人的人,培养我们的学生成为操守高尚、正气浩然、诚实守信、知行和一的人,不正是新时代的需要和未来社会发展的需要吗?而所有这些不正是我们学校道德教育的具体内容吗?而要做到传统与现代的完美结合,作为一名教师,没有深厚的传统文化功底能胜任吗?"与经典同行,与圣贤为友",从而获得强大的精神力量,使读书成为支撑起人格精神流动的河床和气势。让我们每位教师都来诵读文化经典吧!

二、一个有文化品位的人要勤学不辍、善于读书

读书是使人"文化化"的过程。教师读书应不拘泥于教学参考资料、习题集,应自觉博览群书,无论科普读物还是人文图书都应纳入视野,读教育名著、唐诗宋词、世界名著、学术精品等。教师须有系统、有选择地读书,进行高层次的经典之读,古今中外的经典之作无不具有独特的气质精神,蕴藏着深刻的文化内涵。教师应吸取经典之作中的文化营养,在丰富的知识殿堂里滋养情感。

读过犹太民族的生存发展史后,你会深深感到读书的责任与沉重。犹太民族是一个智慧的民族,这个民族的智慧来自于读书,来自于全民族共同读书的自觉性与延续性。联合国教科文组织1988年的一次调查表明,在以犹太人为主要人口的以色列,14岁以上的以色列人平均每月读一本书;全国的公共图书馆和大学图书馆1 000多所,平均每4 500人就有一所图书馆,人均拥有图书量为世界之最。鲁宾斯坦说:"评价一座城市,要看它拥有多少书店。"人们在那里看到的是良好的读书风气。火车上、站台边、轮船上,到处都有人安静地阅读。他们的习惯是不说闲话,只读书。据说,在每个犹太人家里,孩子出生不久,母亲就会让孩子去舔一下粘上蜂蜜的《圣经》,从小让孩子感觉到"书甜如蜜",可见犹太人为了营造一个书香家庭用心良苦。学者约翰生说过:"一个家庭没有书籍,等于一间屋子没有窗子。"读书风气其实就是一个社会的文化风气。张大千先生说:"作画如脱俗气、洗浮气、除匠气,第一是读书,第二是多读书,第三是有系统地、有选择地读书。"读书对

画家尚且如此重要,何况对教师?作为师生平等对话中首席者的教师,我们更应该倡导和实践教师的读书人生。我们期盼不久的将来,书香能浸染校园的每个角落,文化能充盈校园的每个角落。因为唯有书香浸染,才能为孩子的一生奠基,为教师的成长充电,为学校的发展积蓄力量!唯有充盈我们的文化,增长我们的才干,改善我们的气质,提高我们的品位,才能提高我们的办学品位!

教师想成为一个有文化品位的人必须有系统、有选择地读书。我建议大家既读古代教育经典、文学名著,又读儿童文学、文化杂书。贯穿人的一生的阅读可以分两步走:一是"博",广泛阅读各类读物;二是"精",就是对一两部、三五部名著进行反复的阅读,经常读,一辈子读。"如果能够将一两部名著读通了,读精了,名著精神将会化为一个人自己的精神血脉,甚至改变其一生的行为方式。"文学是历史的一面镜子,是生活的多彩画卷,体现着关于人世、宇宙和幻想世界的形象思考,体现着人的思想感情、情操人格和个性,大凡称得上经典的中外文学名著,多是出自那个时代的语言和思想非常成熟前辈"大家"之手,这些名著主要反映的是那个时代的社会生活,代表了那个时代的思想感情。因此,阅读名著是继承和发扬优秀的时代精神、启迪和发展心智的有效途径。这是作为一个学习型的教师必不可少的。"读史使人明智,读诗使人聪慧,演算使人精密,伦理使人高尚,逻辑使人善辩。"要使人生真正受惠于知识,广博地阅读积累是非常关键的,读励志类书、读专业书的效果是有形的,读其他文化书籍的效果是无形的。因为在读文化书籍的积累中会形成控制人的举止行为的内部文化品质,对人生更有决定意义。所以读书要广、要杂,尤其教师更要博览群书,做个杂家。教师广泛涉猎历史人物书籍的同时也要阅读科普读物,因为科学训练思辨,着眼于人类生活的外部环境,而人文涵育情感,着眼于人内心世界,两者的统一才能在重视科学的基础上彰显人文性。

书是人类的文化积淀。读书是"思接千载、视通万里"的精神漫游,是"书中乾坤大,笔下天地宽"的意趣领略。让我们每位教师不仅从读书中培养审美情趣、陶冶情操,更从蕴涵的时代精神价值、文化智慧精华中提高自身的人文修养,使读书的积累形成控制人举止行为的内部文化品质。有文化品位的教师总是对客观知识怀有孜孜以求的态度,保持对学术的景仰,对真理的崇尚。

三、一个有文化品位的教师要有较高的文化素养和教育智慧

李政道博士说过这么一句话:"科学和人文是一个硬币的两面,而这个硬币就是文化。"教师文化素养绝对不能简单地等同于知识水平,更不能简单地等同于学历水平。它是指教师经过较长时间培育而逐渐形成的一种从事教育工作专门需要的涵养,是教师的学识水平、知识视野、思维品质、创新意识、审美能力、气质品位、价值取向、人格修养等的总和。一个有修养、有智慧的教师通常就是一个文化素养高的教师。新课程所期待的课堂应该是生命灵动的课堂,是生命相遇、心灵相约的课堂,是质疑问难的场所,是通过对话探寻真理的地方。而这样的课堂是生成的,是无法预设的,它总在有序与无序的整合中发展。因此,今天的教育需要我们用人性、用智慧去实践、去建构。你去听好教师的课,他(她)都有许多人性的闪光和教育智慧的火花。而这些智慧都是无法事先预计、无法规划和硬性执行的,都是在生命相遇过程中、问题碰撞过程中,自然而然地、非常灵动地闪现出来的。而教育智慧不可能从外面灌输进去,没有任何一门课程可以直截了当地教给我们教育的智慧。教育的智慧是从我们内心生长出来的,其长势就取决于土壤的肥沃程度:我们的文化底蕴,我们的学识修养。

一个缺少文化积淀的教师会在今天的课堂上经常碰到这样的尴尬:视野不宽——教书乏招,搬教参,对答案,化不开,教不活,死记硬背;底蕴不厚——创新乏力,学生要质疑,一问三不知,无法面对互动生成的课堂;修养不足——育人乏术,责任心似乎挺强,艺术性却很差,自我感觉良好,反思能力低下;情趣不多——生活乏味,类似套中人,人未老心先衰,心灵缺乏阳光,难与学生交往沟通……教师文化的缺失将导致课堂的僵化,课程改革也就无从谈起。苏霍姆林斯基在《谈谈教师的教育素养》中如是说:"关于学校教学大纲的知识对于教师来说,应当只是他的知识视野中的起码常识。只有当教师的知识视野比学校的教学大纲宽广得无可比拟的时候,教师才能成为教育过程的真正能手、艺术家和诗人。"这个"无可比拟",这个博大和深厚是需要花一番真功夫才有可能企及的!苏霍姆林斯基还引用了一位历史老师的话说:"对这节课我准备了一辈子。而且,总的来说,对每一节课,我都是用终生的时间来备课的。不过,对这节课的直接准备,或者说现场准备,只用了大约15分钟。"我们究竟应该如何来理解这"一辈子"和"15分钟"?我们通常是鼓励把这15分钟延长为150分钟甚至更多,而不大看重这日积

月累的文化素养的提升。

　　当我们都来关注我们自身文化素养的时候,也许新课程就离我们很近了。教学实际是一个人内在文化素养的外化。一个有文化品位的教师,不是传授知识而是启迪智慧,是让学生感悟人类智慧的高妙,体会伟大心灵的美好。教师往讲台上一站,本身就是活生生的课程资源。有文化品位的教师,追求高超的教育技巧,注重教学的有效性,懂得引导学生交流,与学生进行心灵沟通,激起智慧火花,让学生体会山穷水尽后的豁然开朗,使教学异彩纷呈。这样的教师会通过音容笑貌、一言一行向学生传递文化的气息。课堂因此变成了点化和润泽生命的园地,变成了挑战智力、提升心智、涵养气质的乐土。所以,在今天这个喧嚣、浮躁的现代社会中,教师更应以一种古典的心情,以一份纯净而又向上的心态,从容地、沉静地对待读书、对待学习。唯其如此,我们所期望的教育智慧才有可能因为这肥沃土壤的滋润而真正地从我们心底萌发、生长,我们才有可能真正成为即使默默无语,也能让身旁的人感受到博大与深厚的师者。

　　作为一个有文化品位的教师,会使教育达到激发学生创造力、挖掘学生潜能、弘扬学生个性的目的。这样的教师绝不会满口讽刺挖苦,而是举止文雅,浑身散发着书卷气和激励人向上的力量。"腹有诗书气自华。"一个有文化品位的女教师,可以不漂亮,但一定充满了高雅的气质;一个有文化品位的男教师,可以不潇洒,但一定具有儒雅的风采。这种文化品位或许就是吴非的愤世与傲骨,于漪的执著与奋斗,魏书生的哲学与超脱。一个有文化品位的教师,具有理性精神,闪烁着人性善良的光辉,其博大的爱惠及与之接触的每一位学生。这样的教师具有良好的生活习惯和修养,在任何生活细节方面都表现出是一个有教养的人,是有着良好、温和而优雅性格的人,礼貌而懂得关照别人。这样的教师是一个有真性情的人,有信念和理想,可以不依赖现实而生存。灯红酒绿的地方与之无缘,生活看似简单,却真正远离喧嚣,即使在贫乏的环境中也能自得其乐,享受着宁静而精神富足的生活。这样的教师一定有自主意识,会用自己的头脑去判断、去思考、去行动,会因此获得一种挺立的人格,保持着内心的澄静与清明。

　　愿我们每一个胜利第五十九中学的人都能成为有"深厚的文化功底、高雅的文化气质、儒雅的学者风范、潇洒的君子风度"的人,那么,请读书吧!

(任光升执笔)

针对教师在日常工作中"表面合作多、真心合作少"的现象,以"做一个会合作的自己"展开第三轮讨论,并与他们进行了"为什么合作、怎样合作"的交流。

[附件五]

做一个会合作的自己
——教师自我改变系列之二

我们已经进入一个飞速发展的信息化时代,这是一个自我管理的时代,更是一个竞争与合作并存的时代。而合作将是真正进入这一时代的入门券。没有合作,将不会有持续的发展;没有合作,将不会有真正的成功。新课程的新理念要求我们新时期的教育必须形成以合作为特征的共同体,这既是新课程的要求,更是时代发展的必然,也是教育的本然所在。教育本身就是群体合作才能完成的事业,因此,学会合作将是我们教师未来发展的必由之路。

在现代社会中,只有团队整体的成功才意味着个人的成功。因此,个人利益永远也不能凌驾于团队利益之上,对大家来说,学校就是我们的一个团队,我们都是这个团队的一分子,不管个人利益与团队利益有多大冲突,我们都必须以维护学校的整体利益为重。在学校内部,每一个年级部是一个管理共同体,这一共同体是以级部主任为核心、以各班班主任为骨干的管理团队,我们实行的是自我双向选择基础上的逐级聘任机制和个人与团队共生共存的一体化管理机制,你的聪明才智、你的点滴付出、你的辛勤努力、你的每一点成绩都是对你所在团队的贡献。反过来,团队的每一个荣誉,每一点进步都与你息息相关。对于我们每一个班级来说,班主任和所有的任课教师组成一个教育共同体,班主任是这个团队的核心,每一个任课教师要紧紧围绕着班级的成长,在班主任带领下主动工作,这个班级才会更有希望,这个班级的点滴成绩与所有任课教师的个人成绩和集体素养有直接关系。同理,每个年级的每个备课组或小学科的各个教研组,都是一个教研共同体,特别是同年级部的同一备课组,在"集体备课—学案式教学—分层辅导"的教学管理模式下,这种共生共存的团队意识就显得尤为重要,因为没有团队的真心合作,就没有真正的"学案式教学",也就没有真正的整体提高。而要将这些团队合作的组织管理落到实处,真正发挥团体工作的优势,我们每个人就必须学会合作。

那么怎样才能学会合作呢？在合作过程中应避免哪些现象呢？

首先，要学会合作必须学会遵循以下四个准则：一是要有"团队至上、互信互助"的统一认识。因为只有在具有"团队至上"意识的集体中，个人才能感觉到置身于相互尊敬、相互信任、坦诚不设防的团体中，才有高昂的工作激情、高度的职业幸福感和高效率的工作。其中，相互信任是团队精神的基点，而在自我负责的基础上相互负责则是团队精神的重点，如果团队中每个成员间都能坦诚地分享自己的成功、忧虑、目标和动机，如果团队中每个成员之间都能相互负责、拧成一股绳，那还有什么问题解决不了，什么任务完不成呢？二是团队要形成共同的目标。也就是说，每一个团队都要根据自己的特点制定出全体队员认同的近期的奋斗目标、远期的共同愿景。目标与愿景的形成要靠团队成员一起参与选择与确定，大家共同商讨形成的自我认同的目标才更具有可行性。三是团队内部要有良好的个人品质。为了实现团队的共同目标，每个成员必须具有良好的品质与态度，自觉地培养合作的意识和品质，要坦诚做人，同事之间不设防地进行沟通交流，愿意指出他人的问题并提出自己的见解，愿意坦白自己的错误以得到别人的帮助，更愿意倾听别人对自己的意见或建议，重视彼此之间的信任与默契，有海纳百川的胸怀。四是要有善于合作沟通、以身作则的团队领导。在一个团队中，团队领导的合作意识、沟通能力和自我控制能力至关重要，作为团队领导要学会与团队成员一起构筑团队的愿景、目标、运作规则和团队文化，用服务者、合作者的心态与团队成员共同完成工作目标。

其次，在合作过程中要避免四种不良现象：一是竞争心理作祟，把伙伴当对手，把同行当冤家，采取的是表面假合作，内心真争斗。二是缺乏合作的负面默契，即使发现团队的决定有问题，但都信奉"沉默是金"，谁也不管"闲事"，明哲保身，逃避责任。三是个人英雄主义，因为个人在团队中比较突出，但不懂得团队精神，处处显出别人不如自己，凡事归罪于外、归责于他，好事归位于己。四是个人利益与团队利益冲突时因小失大。在团队合作中，团队的利益和共同目标是每个成员工作的前提和原则，但许多人往往会把自己的小利益置前，而置团队利益于后。有这么一句话说得很有道理："团队中真正成长起来的领军人物一定是那些看起来很傻的、只知道拼命付出而不计个人得失的人，而不是那些看似聪明而紧盯着眼前利益的小人。"

有了以上四个准则，同时避免了以上四种不良现象，我们的每一个年级部、每一个备课组（教研组）、每一个班级的任课教师所组成的各种共同体又怎么能不成为真正合作的团队呢？只有如此我们才能真正融入这个以合作共赢为主题的现代社会。

有这样一个故事会对我们每个人有启发。

一个人被邀请去参观地狱和天堂，以便以后聪明地选择自己的归宿。

他先到了阎王爷掌管的地狱，发现有一群人愁眉苦脸、骨瘦如柴地围坐在一桌丰盛的宴席旁，虽然放着悠扬的音乐，但没有一个人倾听，只听到一些轻微的呻吟和叹息。此人仔细一看，发现他们每个人左臂绑着一把刀，右臂捆着一把叉，但刀和叉都有四尺长的把手，却不能用来吃饭。虽然有那么多美味佳肴，却吃不到，一直在挨饿。

然后他又去了天堂，场景完全一样：同样的食物和那些带有四尺长把手的刀、叉，然而，天堂里的居民却都在欢笑歌唱。

这位参观者感到困惑：为什么同样的情况，结果却如此不同呢？最后他终于找到了答案：地狱里的人都试图喂自己，可是一刀一叉以及四尺长的把手根本不可能吃到东西；天堂里的每一个人都是喂对面的人，而且也被对面的人喂，因为互相帮助，结果帮助了自己。

心理学上说"爱的循环"，佛家是"因果报应"，儒家叫"善恶有报"，现在我们讲"山谷回声"，其实说的都是一个道理：你付出什么，就得到什么；你耕种什么，就收获什么。帮助别人就是帮助自己。你真心与别人合作，别人也会以诚相待；你把团队当做自己的家，团队更会把你当做自己人。只要我们每个人都真心付出、坦诚相待、互信互勉，我们的团队、我们的学校又怎么能不和谐呢？我们的学校又怎么会不发展呢？

试着学会合作，试着去爱别人，更试着去帮助别人吧！你一定会从中获得无穷的力量、更大的幸福和快乐！

送给大家一首席慕蓉的小诗——《分享》，与大家一起分享：

……
欣赏你的人可以使你充满自信
批评你的人可以使你愈挫愈勇
伤害你的人可以使你更加坚强
疼惜你的人可以使你知道感恩
依赖你的人可以让你拥有能力

想依靠的对象可以让你歇歇脚

……

我不懂诗,但我觉得它给人以启迪,愿我们每个人在学会合作的同时,建立起真正的友谊!

(任光升执笔)

交流讨论过程中调整了学校的管理办法,建立了以合作共同体为基本单位的一体化管理模式和"学案式教学"新常规教学思路,引导教师在真心合作中落实新课程标准,实现教育教学质的飞跃。这样,针对教师在日常工作中表现出的不同的思想动态,采取公开书信讨论的校本培训方式,引领教师真心参与、真正讨论,引起他们心灵的震撼,引导他们自我改变,避免了形式主义,达到了引领思想、促进自我改变的目的。同时启动"书香校园工程"和"在教求道"经典文化沙龙,引领教师从经典文化的学习入手,与经典同行,以圣贤为友,净化自己的心灵,真正"静下心来教书,潜下心来育人",提高自己的文化素养和教育智慧,提升自己的文化品位。

一直以来,学校文化成为学校管理中的高频点击率词语,学校文化建设引起了越来越多教育工作者的关注。随着改革的不断深化,从泛泛而谈的学校文化,到如何建设学校文化,学校文化建设的重点也从讨论文化的特点、构成逐渐转向解决如何操作的问题。然而,在很多学校,学校文化仍处于一种虚幻的、泡沫的状态,对于学校文化的承继和发展,缺少长远思考和切实可行的策略。

引导教师静下心,从容应对繁复的社会,是潜心育人的基础。

[案例]

从 容

我们总是说要生活得从容些,那么从容是什么?从容就是舒缓、平和、朴素、泰然、大度、恬淡、自然的总和,自古至今对于太多的人而言,从容都是一种难得的境界和气度。

从容的人为人处世不急不慢、不躁不乱、不慌不忙、井然有序,对于外界环境的变化不愠不怒、不惊不惧、不暴不弃,挫折时不沮丧,成功时不狂喜,自会有一种随心所欲的坦然和心游万仞的豁达和乐观。

从容反映了一个人的气度、修养、性格和行为方式,是一种有节奏的、和谐健康文明的精神状态和生活方式。从容是一种理性,一种坚韧,一种气度,一种风范,只有从容的人才能临危不惧,才能举止若定,才能化险为夷,才能宠辱不惊,才能风云在握……

然而,现实中有时我们太忙碌,忙碌得早已迷失了回家的路,心灵的客栈在哪里呢?在一个和时间赛跑的时代,每个人都在为满足生活的欲望而筋疲力尽地奔波,我们犹如上了弦的闹钟,从走出第一步开始,就一分一秒地走下去,根本没有停住脚步回望来路的空闲。天地空旷而幽幽,童年时的印象在眼前变换:春天里,仰望蔚蓝天空中飘来飘去的风筝;夏夜里,遥望晴空下漫天的星斗;秋天里,俯拾庭院金黄的桐叶;冬天里,注视屋檐透明的冰凌在阳光下一滴一滴地融化。天地幽然,一切的幽闲,一切的空灵都无从找起了。

人有悲欢离合,路有升沉进退。从容是一种对人生的透彻,不管是谁,只要能以平和的心态面对一切,闲看天边云卷云舒,笑观庭前花开花落,必能摆脱是是非非、纷纷扰扰。只有这样,才能使自己摒弃那些不必要的细枝末节,忽略那些纷乱繁杂的骚扰,从而一心一意地掌握事物的精髓、内涵,以真实的心态去面对世态万象,从而省却许多烦恼,给自己留下真实的生活空间并巧妙地生活。从容就是快乐人生,就是善待自己、善待人生、善待生活、善待生命。

(张凤魁执笔)

行走在文化变革的旅途中,学校文化怎样才能真正地落地生根?生长在不同教育生态环境中,有着不同发展状态的学校,却有着相似的追求。对学校文化的理解,不只停留在理念、愿景的提出和校园的美化上,更多的是如何对所有师生进行共同文化价值观的引领。办教育,办学校,这是需要有志于此的人士为之献出全部身心的事业,来不得半点浮躁和虚骄。要有一种平和的心态,耐得住寂寞,守得住宁静。在教育现代化的进程中,静下心办学是教育家应有的境界。校长做到静下心来办学,必将促进教育生态环境的再造,带来适应教育发展的现代学校管理文化的变革。

第二节 学校人本文化的确立

一、学校所处黄河口文化的特点

学校所处的地区——东营市,地理上处于黄河入海口中心,是黄河三角洲中心城市,万里黄河携泥带沙,一泻千里,在东营市境内奔流入海,造就了黄河三角洲这片共和国最年轻的土地。东营市版图面积 7 923 平方千米,人口 202 万。中国第二大石油工业基地——胜利油田,国家重点大学——中国石油大学,都坐落在东营市境内。东营既有古老的陆地(整个广饶县),又有新生的黄河冲积平原(河口区);既有悠久的历史文化,又有以石油工业为代表的现代文明。广饶县古称乐安,为春秋战国时期齐国腹地,是古代军事家孙武的故里。1983 年,随着胜利油田成为全国第二大油田,依托油田,从当时的惠民地区剥离出成立山东省直辖的一个地级市——东营市。黄河文化、海洋文化、古齐文化、石油文化、移民文化和湿地生态文化的交汇融合,构成了具有鲜明特色的黄河口文化。

1. 黄河口文化具有鲜明的大河文明和海洋文明特点

大河文明和海洋文明由于自然地理环境的不同,造成了两种文明在发展过程中存在相当大的差异。地理环境的差异性、自然资源的多样性,是人类分工的自然基础,它造成各地域、各民族物质生产方式的不同类型。而不同生产方式的差异,导致文化类型的不同,直接影响着各地域人群的生活方式与思维方式。

大河文明的持重,与江河造成两岸居民农耕生活的稳定性有关。以农耕经济为基础的大河文明的特点是稳定、持重,但不思变革缺乏出击精神;推崇道德,但轻视效率;安贫乐道,但不具冒险精神。如大河文明造就的中国的战略文化,崇尚"和为贵"。

海洋商业文明的外向开拓精神,则与大海为海洋民族提供的扬帆异域、纵横驰骋的条件有关。航海业和海上贸易十分发达,而且形成了一种向外展拓的文化类型。

大河文明与海洋文明尽管存在差异,但也是一种互动和互相借鉴的关系,在整体上并没有优劣之分。大河文明的主要特点是生命力顽强,海洋文明的主要特点是活力强劲。随着生产力的发展和科技的进步,各国历史的发展越来越显示出彼此的互动性,和平与发展成为当今世界的主题,各种文明相互交融,彼此取长补短,无论是大河文明还是地中海文明,都在推动世界文明的不断进步。

2. 黄河口文化具有移民文化的特点

历史上有多次大的移民到此。

至元末明初,由于元军与红巾军在鲁北展开拉锯战,尤其是燕王朱棣历时四年的"靖难"战火,使得黄河三角洲地区生灵涂炭,社会生产力遭到极大破坏,文化受到严重摧残。为了改变土地荒芜、少人耕种的状况,洪武、永乐年间,明政府从山西洪洞、河北枣强等地大规模移民至黄河三角洲。明初大规模的移民充实了该区域的人口,使得黄河三角洲的农业经济逐步繁荣起来。

清末民初,黄河三角洲又出现了第二次移民高潮,鲁西南之曹州、嘉祥、巨野、汶上等县水旱灾民多迁至今垦利、利津、沾化沿海垦荒种地、下海捕鱼。

新中国成立后，为了开发建设，山东省政府有组织、有计划地向黄河三角洲东北部移民，大规模的移民有6次，以垦利县为主。

真正为东营带来大型移民浪潮的是胜利油田的开发建设。从1960年的不足50万人，到现在的202万人口，东营市匆匆走过了50年。

第一次是从1963年春天到1970年底，来自大庆、玉门、新疆克拉玛依、青海冷湖、四川等老油田的石油职工、全国各石油院校的师生、北京石油工业部机关的领导和科研单位的技术干部与部队转业官兵同时集结，人数高达五六万人，加上石油职工家属，据1970年底的不完全统计，已经接近了十万人。

第二次移民潮是1970年以后大批招工。随着胜利油田增储上产的快速发展，人力资源明显不足，山东省虽然从各市县选派了一万多名精通辅助业务的人员充实到胜利油田，但还远远不够，于是，胜利油田开始在山东省范围内招收学徒工和半工半读学生。后来不断有部队参加会战，并有大批转业军人加入，至20世纪80年代中期，胜利油田已经有40万余人。进入21世纪，胜利油田职工家属近50万人。从地理区域组成上看，全国各地的都有；从社会身份上看，有解放军、工人、农民、知识分子等。

每次大型的移民，都会带来一群新的个体，这些个体都带着当地鲜明的文化个性和风俗习惯，他们的到来，都会与当地已经形成的文化进行碰撞和交融，进而互相渗透与吸引，形成一种新的文化。可以说，每次大规模移民的涌入，带来的都是一次文化的嬗变。

石油会战之初，来到东营这片土地的除了石油工人外，大部分都是转业官兵。这些官兵虽然转业了，但是他们的军人本质却没有发生变化，他们将军人的作风与纪律也带到了这里，并在这里生根发芽。

作风硬朗、强悍、顽强，纪律严明，是他们给人们的第一印象。这些转业官兵到达东营后，仍然保持着在军营的作息习惯。而由于当初在军营的磨炼，他们已经具有了很大的文化包容性。

第一次移民潮带来的文化嬗变还没有完全终结，第二次移民潮又蜂拥而至，这次又给东营已经略见雏形的移民文化注入了新的元素。

那时候，胜利油田没有节假日，大会战连着小会战，非常辛苦，而且规章制度还特别严，军事化管理的"三老四严，四个一样"作风，各地不同的风俗逐渐在这里深度融合，城市的、农村的、西北的、江南的基因，调和成东营特有的包容气质，孕育了移民城市的胚胎。

作为一座因油而生的移民城市，东营的移民文化和其他城市的移民文化一样，具有众多的优点。而由于东营独特的历史和地理特点，东营移民文化又保留了一些自己的特性。可以说,无论是在胜利油田的开发建设中,还是在我们城市的现代化进程中,移民文化都带给我们一些非常宝贵的精神财富,推动着我们这座城市前行的步伐。

顽强拼搏、开拓进取是东营移民文化最主要的特征之一。东营移民是为油而来,是带着国家的嘱托而来,以部队转业官兵和全国各地抽调来的石油工人为主的会战队伍,成功培育出了东营精神和铁人精神,取得了石油会战的胜利。这一优秀传统最终流传下来,成为我们东营移民文化最显著的特征,也成为我们这座城市的精神航标。

东营的移民文化还具有开放性特征。东营石油会战大军都是从各地抽调的石油工人,来自不同地区的移民带来了各自的地域文化,这些色彩多样的地域文化在移民社会中互相交流、融合,从而使移民社会具有一种开放的文化心态。

3. 兼容性是东营移民文化的又一重要特征

东营接纳了来自全国各地的人,也就接收了全国各地的风俗习惯和文化传统,形成了兼收并蓄的开放格局,从而使移民文化表现为多元化的文化形态。

强烈的创新意识是东营移民文化的又一特性。东营移民文化具有特有的精神特质和开放性、兼收性的特征,必然会孕育出勇于探索、敢为天下先、求新求异的精神气质,率先形成新的思维方式和生活方式,熔炼出新的思想观念,从而成为现代文化的先导。

移民涵盖的宽泛性,孕育了黄河三角洲文化的多元性。来自不同时代、不同地域的移民,将各自的乡土文化带入黄河三角洲。不同文化之间既互补、认可,又彰显着自身的特点。各种文化杂糅融会,生成了兼容并包、一体多元的移民文化。文化的活力在于多元,移民作为文化最活跃的载体,是多元文化的主要源泉。五方杂处的黄河三角洲因多种文化的交汇而展现着多元文化的魅力,为黄河三角洲的开发注入了勃勃生机。

50年里,胜利油田不断扩大,不断有移民从大庆、克拉玛依、玉门等油田汇集到此。大型的移民浪潮,不断丰富着东营这片原本人烟稀少的土地上的城市主体,有力地推动着城市的发展步伐。而伴随着这几次移民浪潮而生的移民文化,也在深刻地影响着这座城市,并日益成为东营文化的重要组成部分。

这种文化最突出的问题就是移民缺乏身份认同,在城市没有归属感。由于东营市建市时间短,原有的城市文化资源有限,身份认同尚未完全建立,导致很多市民总感觉东营是一个"暂居的城市"。这种归属感的缺乏造成很多市民对城市的感情不深,外出购房创业的情况较为普遍。

学校成立之初属于企业办学,在特大型国营企业——胜利油田所属企业管理的几十年中,学校文化明显带有企业文化胎记。企业文化具有经济属性,反映着企业的经济伦理、经营价值观与目标要求以及实现目标要求的行为准则和传统、习惯等。胜利油田在继承"铁人"、"三老四严"精神等文化因子的同时,又受到历史上军队文化的影响,表现为组织结构等级分明,注重行政管理,因此,企业文化从整体上表现出很强的"人治"色彩。学校文化也深受其影响,在以往的学校管理中大多以制度管理为主,人本化的元素不是很充分。

学校文化不是独立的。受当地文化的影响,学校文化不能脱离当地文化的基因,同时学校以育人为目的,面对的是鲜活的生命体而非产品,人性的尊重是教育的第一要务,而且学校的校本管理是基于学校实际的管理,是基于学校可持续发展的管理,是基于学校高效能的管理,是基于学校创立品牌特色的管理,是基于"人"的能动发展的管理。校本管理具有客观性、发展性、实践性和实效性,其最终追求的境界是形成校本文化。学校是凝聚文化的场所,是教师和学生施展才华、实现人生价值的载体。在引领学生自我发展、自我完善的过程中,学校需要有自强不息、止于至善的精神文化。自 2000 年学校教育真正移交地方管理后,迫切需要确立具有各自学校特点的学校文化,因此,梳理和培育新的学校文化对于学校教育来说意义重大。

二、学校"合和"文化的选择

1. 认识学校文化的真正含义

一般意义下,文化结构可分为三个层次,依次为物质文化、制度文化和精神文化。学校文化虽属于精神文化范畴,但学校作为一个整体,有师生共同生活与学习的场所及其物质形态,又有在历史过程中形成的各种制度,它们影响和制约着师生的生活,是起约束作用的制度文化。而作为学校文化核心的精神文化,由于其受制于学校的领导方式和人际关系,因此,学校文化的结构可以分为四个层次,依次为物质环境文化、制度文化、统领文化和人际关系文化,核心是统领文化和人际关系文化。

统领文化或称管理文化,包括管理理念及管理方式。但统领不等同于管理,其中,领导的产生和退出、领导的权力及制约、领导的培养与选拔、领导的思维习惯与作风等等,在统领文化中具有重要影响,特别是校长和专职管理者的职业化程度、管理背景、心理背景(个性)以及学术背景都直接影响着他(她)的思维习惯和行事方式。这种方式以组织文化的形式表现出鲜明的学校文化特征,如所谓的家庭文化类型学校、强权文化类型学校等等。其分类的视角就在统领文化上。以家庭作比喻的,家庭文化类型学校的领导方式以亲和为其特征,无领导与被领导的界限,更不强调服从,但这类学校往往缺乏效率,也常缺乏激情。与之相反,强权文化类型的,学校的领导注重个人权威,强调服从,又以摆平矛盾为其能事,其特点是行事效率较高,但人际关系冷漠。

现实的学校文化都不属于某种纯粹的文化类型,也不可能是十全十美的,理想而优秀的学校文化产生于对各种文化层次的整合之上。比如,以强权文化类型为特征的学校,如果学校领导注意到它的管理的局限性,并愿意做出改进,建立和谐而高效的管理模式,那么加强制度文化建设和培育人际关系文化不失为良策。环境文化是一种显文化,人们对不同学校所得出的不同感觉首先是从环境,尤其是物质环境而来的,优美而又充满热情的校园环境给人以亲切向上的感觉,吸引人们认同它、接受它。倘若还让人感受到师生们的热情和朝气,那就更反映出了学校浓郁的文化气息。

2. 学校文化建设的原则

现代学校文化的建设取决于三个原则:① 人的教育原则。学校本该是育人的,如果离开育人专事追求分数,就离开了学校的意义,自然也就谈不上学校文化。② 培育和传承原则。学校文化能自然形成,但优秀而有生命力的学校文化必须精心培育并经代代传承而成。③ 独立精神原则。学校文化是学校个性的体现,缺乏独立精神,唯上唯书不可能建设有传统价值的学校文化。今天的学校特别是那些屈从于功利要求或受利益支配在应试教育轨道上行走的,都不可能建设具有传承意义和现代品质的学校文化。事实上,归根结底,学校文化是由学校的教育立场确定的。应试教育作为一种教育立场有其思想原则和行为方式,其基本价值观是以升学率为目标,追求结果而不重视过程。

3. 黄河三角洲文化及胜利油田的企业文化对学校文化的影响

学校所处的黄河三角洲中心城市——东营市境内有地方、油田、石油大学、济南军区生产基地"四大家族",202万人口中有35个少数民族。移民文化是黄河口文化的重要补充,东营人来自祖国的四面八方,四面八方的文化在黄河三角洲碰撞、汇聚,形成外来文化与当地"草根"文化的交流和融合,给黄河口文化注入了新的生机和活力,丰富了地域文化的内涵,使黄河口文化有了对外开放、兼收并蓄的特点,具备了极大的包容性。胜利油田是50多万人口的国家特大型企业,学校曾长时间隶属胜利油田,企业文化对学校影响也是巨大的。

1962年9月23日,在东营构造上打的营2井,获日产555吨的高产油流,这是当时全国日产量最高的一口油井。胜利油田始称"九二三厂"即由此而来。1964年1月25日,国家正式批准组织华北石油勘探会战,形成了继东营石油会战之后的又一场石油勘探和油田开发建设会战。1965年3月,坨11井和坨9井分别获日产1 134吨和1 036吨的高产油流,是国内首次发现的千吨级油井。由于该油井位于东营地区胜利村一带,为了纪念石油会战取得的巨大胜利,1971年6月11日,"九二三厂"更名为"胜利油田",1972年6月15日更名为"胜利油田会战指挥部"。1989年8月,经国务院批准,"胜利油田会战指挥部"更名为"胜利石油管理局",结束了20多年的会战体制,1998年6月,划归中国石油化工集团公司领导和管理。

20世纪90年代以前,国家从大庆、玉门、克拉玛依等油田调集全国石油大军来此,开展了胜利油田历史上的几次石油开发大会战。这些石油大军大都是在六七十年代从部队整编转业的,所以,胜利油田的企业文化具有鲜明的军旅文化的色彩,服从命令,听从指挥,敢于胜利。作为企业主体的广大职工群众,不仅是企业物质文化的创造者,也是企业精神文化的塑造者。对胜利精神的阐述莫过于行动,莫过于所有胜利人的实践。行动实践使胜利精神大放异彩,心血、汗水使胜利精神之树常青。胜利大军在40多年的艰苦创业中,培养造就了一支具有高度政治觉悟和严格组织纪律的石油工人队伍。远有王为民、张富新,近有国梁、代旭升、陈景世……一大批耳熟能详的优秀人物在全油田乃至全国大地上传扬。他们是胜利精神的集中体现者,是我们油田历史上最珍贵的精神财富。

作为原属胜利油田的学校,不能不受到这种特色企业文化的影响。况且学校的教师来自全国各地,并且在20世纪90年代几经整合,几所学校合并到胜利第五十九中学,在多元文化背景下作出明智的文化选择,能使教师意识到自身文化性格的特点,形成多元的、融合的文化素养。这种文化自觉可以唤醒教师的发展意识,彰显教师发展的自主性,促进教师形成反思习惯,促进教师合作共享。创建多元开放、民主和谐的学校文化,在办学思想、教育理念、个性特色、体制创新、规模设施、教育质量等方面有针对性地进行改革,能够开拓出一条可持续发展的特色之路。每一位充满鲜活个性的教师,都有着崇高的理想追求,他们期待着创业有机会、干事有舞台、发展有空间。面对教育工作者追求的价值取向,学校就要坚持科学的、和而不同的发展观,从个性多样化的统一看发展的"和",而不是统一规格的"同"。要尊重教师,最大限度地激活人力资源,让教师在这充满阳光的环境里,专心谋事而无需分心谋人,师德与师能的卓越品质得到锻造。这是实现教师发展诉求的魅力所在。

教师是学校文化的第一体验者和首要行动者,各个地域和学校既有相同的价值追求而又富有自身特色的教师文化,正是学校文化的灵魂部分。抓好了教师文化的转型,学校组织文化、课程文化、教学文化、学生文化的重建就有了根基。

文化自觉是教师专业发展的重要机制。文化自觉使教师意识到自己是发展的主体,能够反思、调整自己的教育观念与教育行为,它使教师明确自身的文化使命与教育职责,学校管理文化应该与教师发展文化诉求相适应。由于教师是社会特定的人群,20世纪80年代来自全国各地不同地区,90年代又来自不同学校,社会与文化的转型同样要在教师的价值观念上留下痕迹,给教师带来种种文化不适。引领教师文化的转型,更新学校成员的理念、心理和行为,这是建设先进的学校文化、推动学校的发展、提高教育质量和办学水平的重要途径。以文化的视角透视教师的文化不适,以文化的力量凝聚教师群体,积极引领教师文化从牺牲性付出到主动性创造的提升,帮助教师顺利完成从传统教师到现代教师的角色转换,是实施有效管理、重建职业精神的必由之路。

学校文化又是学校历史的沉淀,更是现实发展的主题。学校文化一旦形成,便成为学校可持续发展的原动力,是学校办学特色最集中的体现,同时也是一种最重要的教育资源。作为学校发展的根,学校文化建设需要精心策划、悉心培育;需要师生积极参与、努力实践,在实践中不断总结、提炼、充实;需要了解学校的历史,挖掘学校的优秀文化传统,学习相关政策和教育理论,认真思考办学思路,在实践中不断创新。

4. 学校"合和"文化

营建教师认同的校园文化,并创建共同文化愿景和理念。教师的各种文化的碰撞,需要有一个学校共同价值观,经过反复讨论和认真梳理,我们把我校的校本文化确立为"合和"文化,以此来引领学校的发展。

所谓"合和"文化,是指以中国"和"文化为代表的优秀民族文化。它以仁爱为根基、以人本为主线、以融合为表征、以和谐为归依,内容包含有"天人合一、保合太和"的宇宙观,有"合二为一、仇必和而解"的辩证法,有"和而不同、求同存异"的价值观,有"和为贵、泛爱众"的处世哲学,有"自强不息、厚德载物"的民族精神,有"天下大同、天下为公"的社会理想等,体现了人类崇尚自然、热爱和平、热爱祖国、提倡人道、提倡团结合作、追求世界共同进步的精神。中国的"合和"文化历史非常悠久,有着鲜明的民族特色和丰富的文化内涵,"合和"文化在某种程度上就是中国人文精神的概括。今天我们讲"合和"文化,就是在继承中华民族的优秀"和"文化的基础上,遵循人发展的自然规律,顺应人发展的自然规律,探究人发展的自然规律而后教育之。

"合和"文化中的"合"就是合作、融合,具体到我们学校来说,就是同年级教师之间的合作、同学科教师之间的合作、同班任课教师之间的合作、各职能部门之间的合作、职能部门与执行部门之间的合作、不同类型学生之间的合作……合作,就能产生"一加一大于二"的效果;合作,就可以将我们正在进行的事业做得更好。合作的前提是团结,没有团结,便谈不到合作。任何一个单位,要想有所发展,离不开每个人的不懈努力,更离不开团结的、良好的环境。要把学校这块品牌做好,做到每一个家长心中,就需要我们这个和睦大家庭的通力合作。合作出战斗力,合作出凝聚力,合作出效益。我们的合作,是人与人之间的合作,是每个人心中真诚的合作,是心与心之间没有距离的交流融合,是教师个性文化等方面的融合。"合和"文化中的"和"指的是和气、和睦、和谐。和气、和睦、和谐了才可能更快地发展,大到民族如此,国家如此,小到我们学校,更是如此。

"合作"是基础,"融合"是手段,"和谐"是目的。

形成真正的"合和"文化,首先要做到在人人平等的基础上各尽本分,在各负其责的基础上相互负责,也即我们常说的"人人为我,我为人人"。也可以说,人与人之间的关系就是一种"合和"关系,确立"合和"文化,引导合作和谐是顺应人际关系发展的必然,更是实现和谐管理、创建和谐校园的必然。强调"合和"关系不是一味的附和,而是在不否认相互之间差异和分歧的基础上,在人与人的相互关系中保持求同存异的人伦关系。著名社会学家费孝通先生就认为,中国文化的核心是追求和而不同,这体现着中国人的大智慧。

"合和"文化的基础是"信诚","信"即相信每个学生都能学好,相信每个老师都能教好,更相信每个家长都能配合好。围绕这一思想重塑管理组织系统,确立管理机制,再造管理流程,制定具体的管理办法,修订管理制度,形成具有自己学校特点的制度文化。订立制度的原则是要以先进文化为指导,要体现人本精神和校本特点,各项制度既要体现相互支撑衔接、具有可操作性,又要形成秩序与纪律的"底线要求"与"底线管理",同时还要体现教师、学生在管理中的主体性。

第三章 人本化组织平台系统

科学管理其实就是制度管理与人性管理的和谐结合,制度化管理和人性化管理正像科学与人文的关系一样"本是同根生",在实践中可以共生互动、互补互通、"和而不同"。在制度管理中,应更好地体现以人为本;在人性化管理中,要以制度建设为基础。我校追求的人本化管理,就是追求制度管理与人性化管理的和谐统一。

第一节 适应人本化教师管理的组织模型

改善我们现有的管理组织系统,使其真正适应人本化管理的要求,发挥组织的效能,这是我们实现人本化管理的关键一步。改善现有的层级较多的"金字塔"式的科层管理结构,建立"扁平式网络化"的组织结构,减少中间环节的扭曲和消耗,克服教职工无法与学校管理者站在同一层面上思考问题的弊端。建立"扁平式网络化"的全体教职工共同参与管理的组织结构,充分发挥广大教职工的作用,调动教职工的工作积极性。在这种"扁平式网络化"的管理组织结构中,工作过程是以解决问题和成员参与为核心。在这种以全体人员共同参与式的组织结构中,能够实现共享知识在学校中的快捷畅通的流动。同时,在扁平化的组织结构中,能够建立真正的"合作型"同事关系,使教师之间的表面合作变成实质性合作。

"扁平式网络化"的组织结构是一种学习型组织结构,它是为充分发挥全体师生员工的创造性能力而建立起来的柔性的、扁平化的、符合人性的、责任到位的、能持续发展的组织结构,它努力形成一种弥漫于学校组织层面及个人层面的学习气氛,通过不断学习、运用、创造知识,使个体价值与学校价值得以实现,组织绩效得以提高,以获得持久的竞争力。在这种组织结构中,个体与个体之间是相互联系的合作型的同事关系,单位与单位之间是相互关联的共同体关系,每个共同体又是相互联系的网络化的合作关系,也就是说,每一个个体都融合在不同的共同体中,不同的共同体之间又是互相联系合作共生的关系。这种"扁平式网络化"的组织结构既突出了"合作、平等、参与"的特点,又具有科层组织结构管理效率高的优点。

学校要为教师人生价值的实现和教师的个人成长创造出宽松的氛围,唯其如此,教师才能把自己积累的教学经验和优秀的教学方法拿出来与他人共享,才能激发教师为学校的发展贡献力量,致力于知识创新。学校管理者必须为师生才华的涌露和显现创造一个宽松的心理环境和充满人情味的氛围,在此氛围中,人与人之间感情融洽、心情舒畅,相互之间能产生积极的情感体验,这样才能激发教师的学习工作热情,从而激发教师不断挖掘潜能,促进学校发展。

针对人本化校本教师管理研究,我校调整管理思路,把校本管理的重心放在管理权下移上,成立了年级部,实施以年级部为管理单元的两级管理思路,逐步搭建了以年级部为单元的"赛马式"管理机制。

我校已经实施的人本化校本教师管理模型如下:

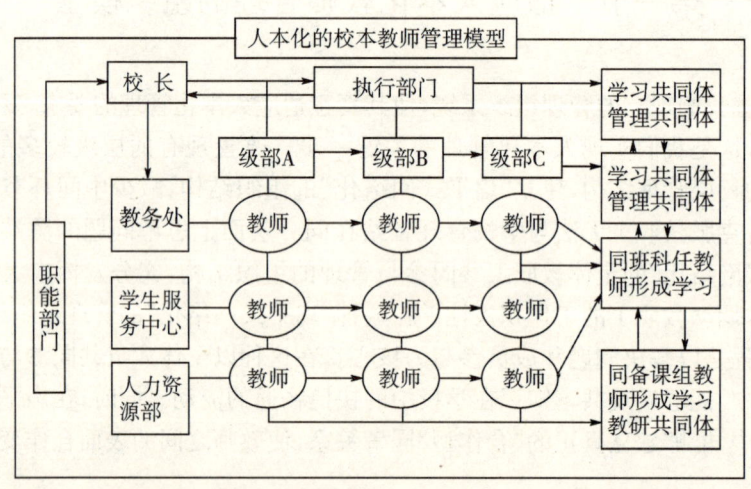

通过以上"扁平式网络化"组织结构的建立,形成各种不同形式和目的的学习共同体和管理共同体,各个共同体又互相作用、互相联系,构成一个学习型学校的管理组织系统。

第二节　建构各种共同体

一、学术自由的学习沙龙

自 2007 年以来,学校自发建立自由的、宽容的学术沙龙,一直保持 20 多人的规模,基本上每两周组织一次活动。每次沙龙都有主题发言人,有讲稿并制作 ppt 文件,全部挂在校园网上供教师学习讨论。沙龙的方式随意、气氛活跃,先后主讲了"中国传统文化刍议"、"从'无为而治'反思管理"、"散谈中华文化的核心——儒道发展、异同和互补"、"弘扬'孝'文化"等专题。

我们的沙龙作为一个民间的学术组织,经历了一个从自发到自觉的过程,这种坚持本身可喜可贺,需要继续发扬光大。在这个学术共同体中,大家共享了一些学术资源,逐渐找到或者明确了自己的学术兴趣点,活跃了学术氛围,增强了学术凝聚力,也使得我们学校的教师在某些领域能够逐渐发出自己的声音。我们的学术沙龙已经成为大家离不开的学术家园,促进了学校人际关系的和谐、学术上的包容以及思想上的自由等。

应该说,学术是维系学校的核心,深厚的学术力量是现代学校的标志之一,而深厚学术力量的取得是以学术自由这一文化特征为基础的,学术自由的基础是思想自由。在我们这样一个习惯于自上而下运作的体制里,在学校文化建设上,提倡学术自由尤其必要。

就办学价值追求、办学理念和办学行为而言,起码要做到"三要":一要对违反教育规律的办学行为敢于说"不"。二要克服办学的"短跑心态",教育是"慢"的艺术。三要做好办学的"加减法",让校园多一点书香,少一点铜臭;多一点务实,少一点作秀;多一点长远规划,少一点急功近利;多一点辩证法,少一点形而上学。

在回顾中我们发现,沙龙的确已经取得了沉甸甸的收获,这是我们继续下去的动力。我们依然会踏踏实实地把沙龙继续做下去,并且有理由相信以后的沙龙会越办越好,让它成为我们心目中引以为豪的闪亮的品牌。它告诉我们,宽容、和谐、自由的学术风气正在形成。

二、以年级部为单元教育管理共同体

为了适应学校规模大、教师多的发展趋势,为了发挥个体特长,增强团队

精神,凝聚集体智慧,我们在2007年暑期开始实行以年级部为单元的行政管理体制,将学校的管理权直接下放到年级部,即从人员聘任、课务分工、学生管理、学生考核等方面全部下放到年级部管理。在本年级部人员的聘任过程中,实行双向选择、逐级聘任的办法进行拥抱式组合,即年级部主任聘任班主任,由年级部主任和班主任根据个人申请集体聘任其他任课教师,形成团结向上的"管理共同体"。学校职能部门只负责计划、检查和评估,各种检查和评估实行一体化管理,只对年级部不对个人,但年级部的各种考核成绩与每一个个人的考核成绩捆绑在一起,形成"我与集体共生"的局面。在年级部管理中,我们倡导自由自主、整体参与的原则;在学校管理中,我们则是通过一些活动将教师带入那种激发主体参与热情、激活内在研究欲望的活动场境。小学低年级段以百米画廊、童话阅读、童话进课堂为主体的"走进美丽的童话世界"系列活动,广受赞誉;中年级围绕"同课异构教学"开展研讨,进行教学系列展示;高年级围绕诗文诵读、母校情怀、亲情对话等开展富有成效的交往实践活动,师生、家校、社区整体联动,受到社会的广泛支持。在中学"感恩教育"主题班会活动集中,1 000名学生、全体教师、数百位家长共同参与,场面浩大,气氛热烈,效果甚佳。如七年级在本学期进行的"家长与学生共成长"活动,让近300名家长走进课堂,与孩子一起学习一天,使家长了解学校的教育教学,理解教师工作的辛苦,了解学生的学习生活,拉近了家长与学校、家长与教师、家长与学生之间的距离。

三、以备课组为单元的教学教研共同体

在教师队伍建设及教师专业发展上,以"人本化"为前提,注重个人教育风格的培养,鼓励教师更新观念、张扬个性,在责任和规范许可的范围内"和而不同"地进行探索与创新,使教师作为自主独立的个体,在学科领域得以充分地自我实现,从而更大限度地追求教育优化效益。

通过综合的师能培训学习,让教师在专业意识、专业理论、专业技能等方面获得长足进步;同时要尽学校之可能,让教师在专业发展上获得更多的自由。充分发挥各备课组积极自主的能动作用,在教学方法上激励创新,既求同又求异,倡导教师形成自己的教学风格。我们大胆进行"集体备课—学案式教学—分层辅导"三段式新常规教学改革,即备课组教师要在集体备课的基础上形成师生共用的学案,在学生提前预学的基础上,通过尝试探究学习完成学习任务,根据学生学习情况,同年级分层进行分类辅导,真正实现因材施教。

就学校整体而言,采取务虚与务实相结合的方法,创造条件为教师的教学

个性化发展提供积极有效的服务。近几年来,我们为教师提供各种学习和成长的机会,如积极参加全国信息技术与学科教学整合现场讲课比赛,取得了不凡的成绩,有8人获得全国一等奖或二等奖,18人获得山东省一等奖或二等奖。

四、以班主任为核心的学生管理共同体

班主任是学校德育的主力军,但现实中班主任工作难以开展,其原因是:学生较之以前难以管理,待遇较低,工作相对琐碎。因此,要提高班主任的工作积极性,就必须从"人本化"的角度,建设好班主任队伍,关注班主任的成长,提高班主任的工作水平,同时还必须建立以班主任为核心的、所有任课教师参与的班级管理共同体,形成人人都是德育工作者的良好氛围。为此,在教师聘任过程中,我们首先根据教师个人申请聘任班主任,由班主任和年级部主任共同聘任任课教师,这无形中提高了班主任的政治地位。本班任课教师的聘任,班主任有否决权;本班任课教师的管理与评价,班主任有参与权;班级管理成绩的取得,所有任课教师有共享权。班级管理失误责任由班主任和所有任课教师集体承担,以此来引领所有任课教师在班主任的带领下围绕班级管理集体做文章,真正形成班级管理的合力和德育工作的合力。

当然,在班主任队伍建设过程中,除了要增强他们的工作积极性、责任心和事业心,考虑他们的理论水平和实践能力的培养以外,更重要的是要考察班主任老师协调、团结本班所有任课教师的能力,即形成以班主任为核心的本班任课教师组成的班级管理共同体。对于这个班来说,班主任就是这个班级管理共同体的领导,因此,班主任的培养至关重要。我们主要通过"引、带、推"的方式做好班主任培养工作。

"引"指理论引领、专家引领和案例引领。班主任在实践中如果缺乏引领,会很容易陷入低水平的重复工作思路,使班主任工作的创新停滞不前,因此,应加强"引领"的作用。理论引领就是要从文本到实践,即让班主任接触、学习最先进的班级管理理念,从而掌握班主任工作的新思路、新方法,并在经历反复的激烈思想碰撞中提升理论水平。如学校近几年积极派出班主任到济南、大连、北京等地学习,使班主任在有效时间里拓宽视野,提高理论水平。专家引领就是与教育专家、班主任研究工作者进行对话或听讲座、论坛,让班主任打开工作思路,激活工作热情,在工作上能找到"切入点",在实践中转变教育行为和管理行为。案例引领就是听别人的成功经验或反思自己的经验,并借助他人的经验用于班级管理之中,这是班主任成长的最有效的方法。

"带"指课题带动、先进带动和交流带动。"带"就是强调学有所依、学到实处、学以致用,即在实践中将思想观点或工作经验内化为自己的思想与行动,进而改革自己的教育行为,以促进班主任成长。课题带动是指学校以班主任为核心的班级管理共同体为单位,以提升学校班级管理文化为内涵,围绕学校班主任工作如何开展、如何研究学生的思想动态、如何体现德育导向等问题开展的课题研究,以带动教师自我发展和理论与实践水平的提高。如针对社会网络的泛化,以及我校地处城乡结合部,周围网吧比较多,个别学生上网成瘾等问题,我们于2006年申请了全国"十一五"规划课题——"网络条件下的未成年人道德教育研究"等。

"推"指制度推动、同伴推动和学生推动。"推"主要强调学校通过评比、评价和激励等来展示班主任工作业绩或班里学生的才艺,从而提高班主任工作的积极性。制度推动就是要建立班主任评价制度、激励制度和培养制度等。同伴推动就是班主任与班主任之间的相互学习,即通过开展座谈会、经验交流会等形式,交流同伴智慧,形成你追我赶的良好局面。学生推动就是通过学生的成长、成才来激励班主任工作的积极性,改变工作行为。心理学研究表明,教师的职业成就感主要是来自同伴教师的赞赏和学生的认同。因此,班主任应了解学生的思想特点、学习爱好等,从而有针对性地开展学生喜欢的、能促进学生成长与发展的活动,以提高工作成效。

五、以课题项目引领下的校本研修共同体

从2009年开始,针对我校申请的5个"十一五"国家级课题和省级课题,根据实际工作需要和个人研究的兴趣,分别成立了课题研究项目组,每个项目组组成一个学习科研共同体,跨学科、跨年级进行整合,相互促进,共同研究。每个项目组都有明确的任务:每月一次沙龙,每次沙龙至少有两名研究人员介绍自己的研究进展情况,每个研究人员每学期至少发表一篇相关研究文章或两个典型案例。同时,在以前课题研究和实施的基础上进一步提升并深化,明确目标和任务,期望通过2~3年的连续研究和循环实践,提供完整的研究成果。通过课题项目组的管理,既提升研究者的科研水平,又形成本校相应的科研成果,从而推动学校的发展。

六、"家长—学生—教师"共同参与管理的发展共同体

在打造书香校园的同时,我们更注重打造书香家庭和区域文化的带动,为此,学校鼓励教师与志趣相投的家长、孩子开展"共读一本书"活动,并定期以沙龙形式相互交流读书体会,促进了书香家庭的建设,解决了许多孩子不愿读书的问题和家庭教育过程中出现的各种问题,融洽了家长与孩子的关系,营造了浓浓的读书氛围。

各个班级由家长委员会出面组织,家长自愿报名,每天有1～2名家长到校听课,参与本班级一天的各种活动,并对班级管理和学校管理提出自己的建议。这样,既融洽了家校之间、家长与教师之间、家长与学生之间的关系,又促进了学生的自我管理和教师的成长,规范了学校的管理。

在管理上,各种"人本化的学习共同体"都实行"一体化"管理,考核以"共同体"为单位进行,而对成员的考核管理则由责任人负责,实现权力的下放。

第四章 "扁平式网络化"的管理机制

以人本化机制和体制作保证,建立"拥抱式组合、一体化管理、发展性评价、激励性奖惩"的管理体系,使制度管理与人性化管理相统一,从而达到一种和谐之美。

针对新的组织结构的建立,必须迅速调整原有的校本管理机制。一是充分发挥教代会、家长委员会、学校管理委员会的作用,了解学校的各种管理信息,随着组织变革调整管理思路。二是对具体可行的规章制度,要在充分发扬民主集思广益的基础上由教职工自己修订,这种由教职工自己制定的在全体教职工认同的基础上不断修订、不断完善的管理规范更具有实效性。三是在学校的管理实践中,既坚持以人为本又强化制度管理,实事求是,力求实效。在竞争上岗、评优晋职等一系列关系到教师切身利益的问题上,要坚持公开、公正、公平的原则,根据教师个人每年各项工作的考评成绩,结合平日的表现、群众评议、领导评价等,择优评选。四是引入社会对教育教学的评价机制,更好地监督并促进学校各项工作的开展。

在制度制定和调整过程中,我们特别注重了"头脑风暴"的充分运用,在进行头脑风暴之前,首先对各部门领导进行培训,使其明白什么是头脑风暴,其操作的技巧、原则是什么以及为什么进行头脑风暴等。头脑风暴是"一个团体试图通过聚集成员自发提出的观点,以为一个特定问题找到解决方法的会议技巧"(亚历克·斯奥斯本)。即当一群人围绕一个特定的兴趣领域产生新观点的时候,这种情境就叫做头脑风暴。由于会议采取了没有拘束的规则,人们就能够更自由地思考,进入思想的新区域,从而产生很多的新观点和问题解决方法。当参加者有了新观点和想法时,他们就大声说出来,然后在他人提出的观点之上建立新观点,所有的观点被记录下来但不进行批评。只有头脑风暴会议结束的时候,才对这些观点和想法进行评估。这种方式便于让每个人充分发表自己的意见和见解,是一种真正的民主参与的方式,既便于让每个人参政议政,又便于充分发挥每个人的智慧和潜能,由于不加任何评论和观点,更便于每个人展开自由的讨论。

牵扯教职工切身利益的管理评价办法虽然均是经过长期酝酿才制定出的、比较适合当前实际的量化考评办法和激励办法,也较大地调动了广大教职工的积极性,但在具体细节上仍有许多不尽如人意之处,于是我们以年级部为单位,以头脑风暴的方式先查找问题,后提出解决办法。这样经过全员参与的管理办法的修订,具有较强的认同感和实效性。可以说是在学校总体办学思路和大政方针不变的前提下,让教师自己制定管理办法,既是行政权力的充分下放,更是自由选择与民主的真正体现。这很好地体现了人本的思想,让教师真正成为学校管理的主角和学校的主人,既满足了教师被尊重的需要,又增强了每个教职工的主人翁意识。在进行头脑风暴培训会上,学校领导曾给全体教师讲过这样一段话:"老师们:大家可能有疑问,学校的管理办法该由谁来制定呢?这项工作该不该由我们来做呢?是的,通常以为学校的管理办法当然是由学校来制定,或者是由校长来制定的,是用来管大家的或者说是用来制约大家的,这都是错误的。学校的管理办法应该由校长根据自己的办学思路拿出一个初步的管理思路,但具体的管理条款和细节应该由你们来决定,因为老师才是办法的执行者和遵从者。所以,我们的大政方针和各种管理办法,由学校根据形势发展和办学需要提出思路,在你们认同整体思路的基础上,由你们修订认可才能生效。这才是我们学校管理民主化和人本化的具体体现,这才是真正的由法制化管理走向文化管理的具体体现,更是老师当家做主的具体体现。学校是我们大家赖以生存、生活的集体,是每一位老师共同拥有的一个家,每个人都有责任让这个家兴旺发达,更有责任计这个家越来越红火。因此,管好这个家是我们每个人不可推卸的责任。管好这个家,就是关心自己。只要每一位老师都站在有利于学校发展的角度,真心实意地为学校的发展出谋划策,真心实意地参与到学校的制度建设和文化建设中来,为学校的发展贡献自己的聪明才智,那么,五十九中一定会成为我们每一个五十九中人'学习着、快乐着、工作着、幸福着'的一个和谐团结、奋发向上的大家庭。"

　　教职工的考核评价由原来的贴标签式的甄别性评定转到促进每一位教师成长的发展性评价,我们采用工作成绩与学术素养分别评价的方式。工作成绩更多地体现在学生的发展上,因此,重点看所教班级学生的学业水平和发展水平,个人成绩与年级部、备课组、班级等多个学习共同体的管理,并与实效挂钩,实行一体化管理;学术素养则是看个人参加学术沙龙和其他各种学习共同体以及各种教科研活动的情况实行积分管理。这大大调动了教师参与学习、参加教科研的积极性。

　　制度管理科学规范,师生共同遵守,是一种有序之美;人性化管理,理解人、关心人,是一种和谐之美。依法治校的制度管理和以德治校的人性化管理刚柔并济、情理交融、相辅相成,提升了学校管理的层次和境界;和谐美升华了学校管理的内涵。

俗话说,同行是冤家,现代社会日趋激烈的竞争在一定程度上更强化了人们这一意识,教师自然也不例外,在同学科教师之间、同班级任课教师之间,这一现象更是突出。由于内心深处有这一强烈的潜意识,因而教师之间的合作也就停留在表面,深层的真正意义上的合作较少。对学生的教育本身是一个全方位合作才有可能完成的事情,面对新时期复杂的学生教育问题,如果没有同班级所有任课教师的齐心合力,单凭班主任教师的教育是远远不够的,所以,同班级任课教师之间的教育合作至关重要;新课程标准给每一位教师提出了更高的合作要求,如果没有同学科教师的真正合作,单凭一个教师单打独斗,要想真正完成新课标要求的任务是非常困难的。因此,要真心为学生的身心全面发展负责,同班级任课的所有学科教师和同年级的同学科教师就必须建立起真正的合作型同事关系,变"同行是冤家"为"同行是亲家"。这是促进学校管理走向和谐发展的关键之所在。

第一节 "拥抱式组合"使教师成为合作型同事关系

实行"拥抱式组合,一体化管理,发展性评价,激励性奖惩"管理体系的关键是进行"拥抱式组合",由于后面的"一体化管理"、"发展性评价"、"激励性奖惩"都是在"拥抱式组合"的基础上进行的,因此组合的结果直接影响到这一个团队能否高效运作。

学校每一新学年开始都要进行"拥抱式组合"。

"拥抱式组合"的过程是通过"个人岗位与合作同事关系双向选择竞聘上岗"的方式实现的。首先,公布具体的岗位设置方案,并在全体教师集体讨论的基础上,职工代表充分收集大家意见,由学科代表集体阐述本学科的岗位设置理由和依据。其次,由职工代表集体讨论决定,校长最多的是倾听代表们的意见和建议,或对一些教师不太明了的政策给予解释,而不是急于拍板定案。这种经过民主程序得出的方案最容易被大多数教师认同。

进入具体的逐级聘任与双向选择阶段,其程序是:公布岗位—个人申请—逐级聘任。首先,由学校领导班子、职工代表、全体教师分三组对申请学校中层岗位的人员根据述职和平时考核情况进行量化打分,分值比例是4:4:2,这样得出的分数按由高到低排列,最后学校领导班子集体讨论决定中层干部的聘任,由校长具体聘任。其次,由学校分管校长与年级部主任根据教师的申请情况决定本级部的班主任人选,集体聘任年级部内的班主任。第三,由年级部主任与本年级部内的班主任集体讨论决定本年级部的任课教师情况,各职能部门的职员聘任也是由职能部门主任决定,校长不得干预。这样,在充分下放自主权的基础上,让教师自主选择自己的岗位和合作伙伴,如此,更有利于团队意识的形成,更有利于发挥同事间的合力,建立真正和谐的同事关系。竞聘结束后,没有被应聘到适合自己岗位的人员按待聘处理,待聘人员按上级有关规定执行。经双方协商可实行单位内部待聘,与学校签订待聘协议,待聘期限一年。待聘期间按规定参加社会保险,工龄连续计算,工资福利待遇由双方协商,但不低于当地最低工资标准。协议期满可回来继续竞聘,也可续签待聘协议。

"个人岗位与合作性同事关系"双向选择竞聘流程

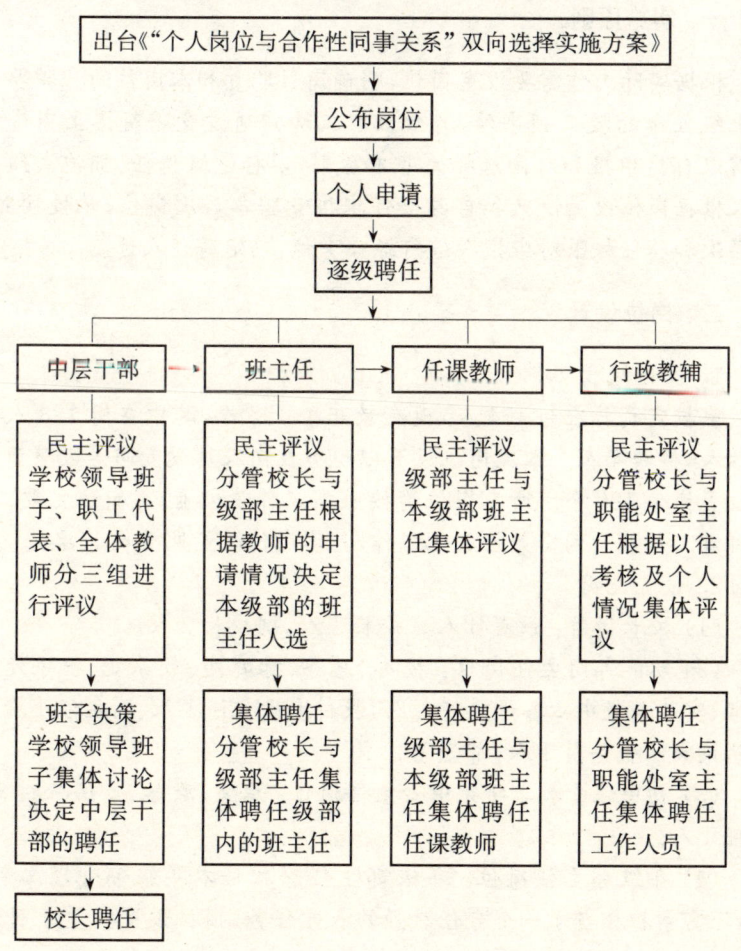

竞聘每学年进行一次,通常在7月初进行。由于学期工作均已结束,开展竞聘上岗不会影响工作,同时让新组建的团队在假期中开始运行,例如集体备课、培训等,确保新学期开学后进入高效运作状态。

[附件一]

胜利第五十九中学"个人岗位与合作性同事关系"双向选择实施方案

为进一步落实"拥抱式组合,一体化管理,发展性评价,激励性奖惩"的管理模式,定于2009年7月进行"个人岗位与合作性同事关系"双向选择,现将有关工作安排如下:

一、实施原则

根据实际工作需要设定岗位,明确岗位职责和本岗位的竞聘要求。除上级任命的校级领导外,其余教职工均需通过竞聘获得上岗资格。竞聘以自愿申报和双向选择为基本原则,实行逐级聘任、拥抱式组合。个人根据岗位设置情况和自身条件申报竞聘各层次岗位,学校按照聘任层次和聘任权限对申报人进行综合考核,确定聘任人选。

二、岗位设置

1. 设置标准

我校定员标准为154人,现有教职工195人,其中在岗188人,借调3人,待聘4人。本次岗位设置以现有在岗人员设置同等数量岗位,共设置岗位190个。所有岗位均按照满工作量设置,某岗位主要工作不到满工作量的均需兼任其他工作,具体岗位设置见附表1(略)。

2. 设置说明

(1) 校长岗位:设置4人。校长1人,副校长3人。

(2) 职能部门主任岗位:校办、总务、德育处、教务处、护导处、课程部、实验电教中心各设主任1人,教科室设主任1人、副主任1人,少先队设大队辅导员1人,都兼课。

(3) 初中课堂教学研究中心主任岗位:语文、数学、英语三科各设主任1人。

(4) 年级部主任岗位:年级部主任除担任本年级部管理工作以外,还需承担相当于一个专任教师的教学任务,岗位设置数量分别为1个。职能部门主任不再兼任年级部主任。

(5) 教师岗位：根据新课程要求设置，满工作量标准：初中语数外 10 节以上，物理化学 12 节以上，其他科目 16 节以上；小学部一到四年级语文 1 个班兼本班思想品德课或地方课程，五年级 2 个班，四、五年级数学 2 个班，一、二、三年级数学 2 个班兼 1 个班的地方课程，英语 14 节以上，其他科目 16 节以上。

(6) 行政教辅后勤岗位：根据实际需要设置。

三、各层次岗位的聘任顺序

聘任时按照以下顺序进行：先聘中层干部（职能部门主任和年级部主任），后聘班主任及任课教师。聘班主任及任课教师时按照以下顺序依次聘任：九年级部、六年级部、七八年级部、一年级部、二三四五年级部，然后再聘行政教辅岗，最后聘工勤岗。

（一）中层干部的聘任

中层干部包括职能部门主任、副主任，年级部主任，初中课堂教学研究中心主任。

原中层干部和其他教职工均可竞聘中层岗位。原中层干部竞聘必须在近五年内每学期服务对象评价满意率即平均优秀合格率在 85% 以上、学校领导信任率在 90% 以上；其他教职工竞聘中层干部必须具备一定组织领导能力、品行端正，且在近五年内综合考核成绩在本学部 1/3 以上。凡符合以上条件的竞聘者在服务范围内的教职工民主评议的基础上，学校领导班子集体对竞聘者逐一进行考核聘任。

（二）班主任的聘任

任课教师和行政教辅人员均可竞聘班主任，学校分管校长、德育处及护导处主任与级部主任集体聘任级部内班主任。

（三）任课教师的聘任

根据《胜利第五十九中学教师发展性评价办法》，近五年综合考核平均成绩在本学部本学科内排名前 80% 的教师优先竞聘相应教师岗位，如本学科仅有 1 人可直接申报竞聘，超过 1 人的学科按照 80% 的比例确定优先申报人选，实行只舍不入。其中，初中语文、数学、英语、物理、化学五科需要按照年级部上课的教师由本级部主任和班主任集体聘任，政史地生音体美微等跨年级科目教师由两个或三个年级部主任及班主任联合聘任；小学语文、数学科目教师由年级部主任和班主任集体聘任，其他可以跨年级任教科目教师由聘任年级部主任和班主任联合聘任。

（四）行政教辅人员的聘任

竞聘行政教辅岗位者必须具备该岗位规定的条件和工作能力，非教学人员及以上（一）（二）（三）岗位落聘者可竞聘本系列岗位。竞聘本系列岗位者由学校分管领导与部门主任集体聘任。

四、聘任的几个要求

为确保聘任工作的稳步进行，在进行各层次聘任时要兼顾到：

（1）各级部在组织进行竞聘时要首先聘任原本级部内教师，原本级部60%以上教师应留聘本级部，其余可聘任其他教师。

（2）原小学部四、五年级教师可以申请竞聘六年级教师岗位，原初中教师也可以申请竞聘小学教师岗位。

（3）级部主任和班主任受聘后直接兼任任教学科，占据本级部任科教师岗位编制，聘任任课教师时直接聘任定编岗位，去掉级部主任和班主任兼任学科后空缺学科教师。

（4）如某个级部未能聘任到合适教师，学校可进行必要的协调，帮助级部聘任相关教师。

（5）与学校签订合同至退休的教职工，没有特殊情况如主动要求离岗等，不管聘任到什么岗位，都按照正式岗位对待。

（6）本次聘任只涉及本人岗位与选择合作性同事，不与工资待遇等挂钩。具有教师身份的人员不管最终聘任到哪个岗位上，均按照教师对待。

第二节 "一体化管理"强化合作共生自管自律意识

要实现真正意义上的合作，仅建立了形式上的团队是不够的，还必须在管理上强化合作共生意识。做到这一点，可以更好地提升每一位教师的自律水平，达到真正建立高效教师团队的目的。

我们按照年级成立了一到九年级部，实行年级部主任负责制。每个年级部将所有工作分成九大项，根据每位教师的不同特点进行分工，每人至少负责一项，每项至少有一个人负责。各职能部门根据各年级部的分工情况对每个"管理者"进行对口考核，考核结果直接记入年级部考核，这样，年级部的每位教师都成了管理者，在自己负责的这项工作里有相应的权力。年级部主任除去自己负责的工作外,主要是进行协调,改变以往教师仅是被管理者的角色,极大地调动了教师的积极性和参与管理的热情。现在,人人有事做,事事有人做,人人有事管,事事有人管,一个团结协作、齐抓共管的良好局面已经形成。

同时,在年级部之间实行赛马式管理,开展年级部间的竞争性考核和年级部内的合作性考核。即每一个年级部是一个管理单元,年级部与年级部之间根据平时教育教学情况实行量化考核,每一个年级部的集体得分与年级部内的每一位教师的个人成绩挂钩,实施"一体化管理";级部内的每一个班级是一个管理单元,班级各个方面成绩与所有任课教师的个人考核成绩捆绑在一起,形成班级内教育的合力;年级内的同一学科组的教学成绩与本年级本学科的所有教师有关,既突出个人所教班级的成绩,更注重年级内本学科的总成绩,促使年级内同学科的所有教师相互合作、共同研讨,形成教学合力。我们还拟定了《胜利第五十九中学团队考核评价办法》,将个人考核成绩与年级部考核、备课组(教研组)考核、班级管理考核三者结合在一起,每个人的个人考核成绩会直接影响到年级部、备课组及任教班级的考核成绩及位置,而每个年级部、备课组、班级的考核成绩又会反作用于每个任课教师的个人考核成绩,相辅相成,进一步强化了教师之间的合作意识和团队精神。

这种在自由"拥抱式组合"基础上的"一体化管理",强化了每一个教师自强自律意识,促使每一位教师都上进好学,谁也不愿落后,谁也不愿拖大家的后腿,形成了一个自律、自觉、自动、自发的状态,促进了教职工自我管理意识的形成,大大提高了工作效率和同事间的融洽度。

[附件二]

胜利第五十九中学团队考核评价办法

为创建真正的合作性同事关系,加强深度合作,实现"拥抱式组合,一体化管理,过程性评价,激励性奖惩"的人本管理,结合《胜利第五十九中学教职工考核管理办法》、《胜利第五十九中学年级部考核管理办法》、《胜利第五十九中学专任教师考核管理办法》、《胜利第五十九中学备课组(教研组)考核管理办法》、《胜利第五十九中学班级日常量化考核管理办法》等,制定本办法如下。

一、年级部考核

年级部考核实行百分制,由日常级部考核成绩(70%)和本部教师考核平均成绩(30%)组成。

日常级部考核成绩根据《胜利第五十九中学年级部考核管理办法》中项目进行逐项考核，汇总后按照70%折算记入年级部考核总成绩。

本部教师个人考核平均成绩由教务处和课程部根据《胜利第五十九中学专任教师考核管理办法》进行考核，将本级部所有教师个人考核成绩平均后按照30%折算记入年级部考核总成绩。

二、备课组（教研组）考核

备课组（教研组）考核实行百分制，由日常备课组考核成绩（70%）和组内个人考核平均成绩（30%）组成。

日常备课组考核成绩根据《胜利第五十九中学备课组（教研组）考核管理办法》中项目进行逐项考核，汇总后按照70%折算记入备课组（教研组）考核总成绩。

组内教师个人考核平均成绩由教务处和课程部根据《胜利第五十九中学专任教师考核管理办法》进行考核，将本组教师个人考核成绩平均后按照30%折算记入备课组（教研组）考核总成绩。

三、班级考核

班级考核实行百分制，由班级日常考核成绩（70%）和本班所有任课教师个人考核平均成绩（30%）组成。

班级日常考核成绩根据《胜利第五十九中学班级日常量化考核管理办法》进行考核，将考核成绩按照70%折算记入。

本班任课教师个人考核平均成绩根据《胜利第五十九中学专任教师考核管理办法》将本班所有任课教师考核成绩进行平均后按照30%折算记入。

四、个人考核

个人考核首先根据《胜利第五十九中学专任教师考核管理办法》进行考核，然后再根据个人所在年级部、备课组（教研组）、任教班级考核情况分别加分。具体加分标准如下：

年级部考核加分：按照第一条考核办法考核后进行排名，根据排名情况，一到五年级部按照人均5分、4.8分、4.6分、4.4分、4.2分的标准加分，六到九年级部按照人均5分、4.8分、4.6分、4.4分的标准加分，年级部根据本部教师人数计算出所加总分后经民主评议决定每位教师所加分数，年级部主任和班主任的加分原则上要求在平均数以上。

备课组（教研组）考核加分：按照第二条考核办法考核后进行排名，根据排名情况分成五档，一到五档按照人均 5 分、4.8 分、4.6 分、4.4 分、4.2 分的标准加分，备课组（教研组）根据本部教师人数计算出所加总分后经民主评议决定组内每位教师所加分数，备课组长的加分原则上要求在平均数以上。

班级考核加分：按照第三条考核办法考核后进行年级部内排名，根据排名情况，按照人均 6 分、5.8 分、5.6 分、5.4 分、5.2 分、5 分的标准加分，班主任根据本班任课教师人数计算出所加总分后经民主评议决定每位任课教师所加分数，班主任和副班主任的加分原则上要求在前 1/3 以上。班级数不足 6 个的，按照从高到低顺序进行加分；班级数超过 6 个的，排名最后的 2 名按照最低标准加分。

五、补充说明

(1) 在以上三项团体考核时，非本年级部聘任的教师个人考核成绩暂可不计算在内。

(2) 根据《胜利第五十九中学专任教师考核管理办法》计算出个人考核成绩后加到三项团体考核中，然后根据团体考核情况再分别加到个人考核成绩中，最后计算出个人最终考核成绩。

第三节 "发展性评价"促进教师专业化成长

通过"拥抱式组合"建立起来的团队，教师之间的合作意识明显增强，如果沿用以往的简单地依据考核成绩来评价教师的工作，将不利于教师之间的合作。因此，必须充分尊重教师的主观能动性，采取"发展性评价"办法，突出对过程的评价。评价不再是单纯的评价教师工作的好坏，而是在公正评价教师工作的同时，发现每个教师的优势与不足，引导教师根据自身优势与不足选择发展的方向，尽量发挥每个人的优势，带动其他方面的发展，从而促进教师专业素质不断提高。关于教师"发展性评价"的有关内容将在后面的章节中详述。

"发展性评价"不仅是针对教师个人进行评价，对年级部、备课组等均进行"发展性评价"。评价的目的不是为了给团队进行排名，而是通过评价促进团队内部的合作与发展。每个团队都有其特点,引导他们在某一方面或几方面的工作中突显出来,并不作大一统的要求。

[附件三]

胜利第五十九中学教师个人"发展性评价"办法(中学部)

为有效激发教师的工作积极性,促进教师成长,民主、客观、公正地评价教师,特制定本办法。

一、评价标准

一级指标	二级指标	三级指标			评价方式			
		A等指标	B等指标	C等指标	自我评价	级部互评	学校评价	综合评价
A1 爱岗敬业,师德高尚(30分)	B1 出勤(5分)	能做到按时上下班,每学期请假累计不超过3天;各种会议及升旗仪式全勤(5分)	基本能按时上下班,有一次查岗不在或会议及升旗仪式缺勤3次以内;每学期请假累计6天以内(3分)	经常不按时上下班,查岗不在超过2次或会议及升旗仪式缺勤超过3次;每学期请假累计超过6天(0分)				
	B2 工作量(20分)	积极执行学校计划,达到学校规定的满工作量,不要求任何照顾(20分)	能执行学校计划,达到学校规定满工作量的80%以上(15分)	工作量达不到学校规定满工作量的80%,某些方面需要照顾(10分)				
	发展目标	做最敬业的老师。学校根据综合评价结果从B1、B2两项指标全部为A的老师中评选出10位最敬业的老师,在评价结果中加2分。						
	B3 公益事业(3分)	积极参加公益事业,参加所有献爱心等捐赠活动,捐赠数额在全校平均数以上(3分)	能参加公益事业,参加50%以上的献爱心等捐赠活动(2分)	不参加公益事业,不参加献爱心等捐赠活动(0分)				

续表

一级指标	二级指标	三级指标			评价方式			
		A等指标	B等指标	C等指标	自我评价	级部互评	学校评价	综合评价
A1 爱岗敬业，师德高尚（30分）	B4 集体评议（2分）	认真贯彻有关师德建设规定，无违背师德行为，团结协作，服从安排，认真履行岗位职责，按时优质完成工作任务(2分)	能认真贯彻有关师德建设规定，无违背师德行为，能团结协作，服从安排，比较认真履行岗位职责，按时完成工作任务(1.5分)	基本能贯彻有关师德建设规定，无违背师德行为，基本能服从安排，履行岗位职责，一般能完成工作任务(1.2分)				
	发展目标	做师德高尚的老师。学校根据综合评价结果从B3、B4两项指标全部为A的老师中评选出10位师德高尚的老师，在评价结果中加2分。						
A2 学生欢迎，家长信任（8分）	B5 学生欢迎（5分）	学生问卷调查满意率达到80%以上(5分)	学生问卷调查满意率达到70%以上(3分)	学生问卷调查满意率达到60%以上(1分)				
	B6 家长信任（3分）	家长问卷调查信任率达到80%以上(3分)	家长问卷调查信任率达到70%以上(1.5分)	家长问卷调查信任率达到60%以上(1分)				
	发展目标	做最受学生欢迎的老师。学校从B5指标综合评价结果为A的老师中，结合学生问卷具体项目评选出10位最受学生欢迎的老师，在评价结果中加2分。 做家长最信任的老师。学校从B6指标综合评价结果为A的老师中，结合家长问卷具体项目评选出10位家长最信任的老师，在评价结果中加2分。 做最负责任的老师、最有爱心的老师、最幽默的老师，学校从学生问卷和家长问卷中相关项目调查结果中各评选出5位最负责任的老师、最有爱心的老师、最幽默的老师，在评价结果中加1分。						
A3 常规扎实，课堂高效（35分）	B10 学教案（5分）	达到规定数量；设计规范，环节齐全；有特色。学案三批齐全(5分)	达到规定数量；设计比较规范，环节比较齐全；比较有特色。学案三批比较齐全(4分)	基本达到规定数量，设计一般。学案基本能做到三批(3分)				

续表

一级指标	二级指标	三级指标			评价方式			
		A等指标	B等指标	C等指标	自我评价	级部互评	学校评价	综合评价
A3 常规扎实，课堂高效(35分)	发展目标	做学案设计最好的老师。学校从B10指标综合评价结果为A的老师中结合具体学案设计情况评选出10位学案设计最好的老师，在评价结果中加1分。						
	B11 业务手册(1分)	认真填写，书写规范，环节齐全，真实反映教育教学状况(1分)	填写比较认真，环节比较齐全，比较真实反映教育教学状况(0.8分)	能够在规定时间内填写完成(0.6分)				
	B12 课堂教学(5分)	组织课堂教学能力强，教学有特色，教学效果好；无违反课堂教学常规行为(5分)	组织课堂教学能力比较强，教学效果比较好；无违反课堂教学常规行为(4分)	能按大纲、教材组织教学，教学效果一般(3分)				
	发展目标	做常规课堂教学最棒的老师。学校从B12指标综合评价结果为A的老师中结合随堂听课情况评选出10位常规课堂教学最棒的老师，在评价结果中加1分。						
	B13 语言板书(1分)	普通话流利，能表情达意，有感染力；板书字体清晰、工整、美观(1分)	普通话较准确，表达清楚；板书字体清晰、工整(0.8分)	普通话一般，表达基本清楚；板书字体清楚、比较工整(0.6分)				
	B14 电化教学(1分)	积极运用多媒体教学，经常使用教具及自制教具。多媒体课每学期30节以上(1分)	运用多媒体教学，使用教具。多媒体课每学期20节以上(0.8分)	运用多媒体教学，多媒体课每学期10节以上(0.6分)				
	发展目标	做基本功最扎实的老师。学校从B14指标综合评价结果为A的老师中评选出5位基本功最扎实的老师，在评价结果中加1分。						
	B15 作业批改(2分)	作业能及时全批全改，有鼓励性评语，作业量适中(2分)	作业能及时全批全改，作业量适中(1分)	作业能批改，作业量偏多或偏少(0.5分)				

续表

一级指标	二级指标	三级指标			评价方式			
		A等指标	B等指标	C等指标	自我评价	级部互评	学校评价	综合评价
A3 常规扎实，课堂高效(35分)	B16 教学质量(20分)	按学校制定的条例另行考评(20分)	按学校制定的条例另行考评(10分)	按学校制定的条例另行考评(5分)				
	发展目标	做批改作业最认真的老师。学校从B15指标综合评价结果为A的老师中评选出5位批改作业最认真的老师，在评价结果中加1分。						
	发展目标	做教学质量最高的老师。学校从B16指标综合评价结果为A的老师中评选出10位教学质量高的老师，在评价结果中加1分。						
A4 学术素养(8分)	B17 善于学习(2分)	坚持不断学习，勤于读书，每学期积累1万字读书笔记；积极反思，每学期写5篇高质量的教学反思；校本培训全部参加，培训记录齐全(2分)	自觉学习，读书笔记每学期6 000字；写3篇高质量的教学反思；校本培训参加率达到80%，有相应的培训记录(1分)	读书但笔记少或没有；教学反思没有或质量不高；校本培训参加率达到60%，有相应的培训记录(0.5分)				
	B18 听课(1分)	积极参加听课评课活动，记录齐全，每学期听课30节以上(1分)	有听课记录，有简评，每学期听课25节以上(0.8分)	有听课记录，有简评，每学期听课20节以上(0.6分)				
	发展目标	做最虚心学习的老师。学校从B17、B18指标综合评价结果为A的老师中评选出10位最虚心学习的老师，在评价结果中加1分。						
	B19 论文总结(1分)	认真做好教学理论总结，每学年至少有一篇论文或案例在市级以上获奖或正式发表(1分)	能做好教学理论总结，每学年至少有一篇论文、总结或案例在县(区)级获奖或在市县级刊物上发表(0.8分)	能完成教学总结撰写工作，每学年有一篇教学论文、总结或案例上交学校(0.6分)				
	B20 课题研究(1分)	积极参加课题研究，独立主持市级以上课题或负责学校课题研究有成果(1分)	参加课题研究，独立主持校级以上课题或参与学校课题研究，有成果(0.8分)	课题研究能力一般，没有参与课题研究或参与研究没有成果(0.6分)				

续表

一级指标	二级指标	三级指标			评价方式			
		A等指标	B等指标	C等指标	自我评价	级部互评	学校评价	综合评价
A4学术素养(8分)	发展目标	做最具有改革创新意识的老师。学校从B19、B20指标综合评价结果均为A的老师中评选出5位最具有改革创新意识的老师,在评价结果中加1分。						
	B21公开课或讲座(1分)	每学年开过一节以上县(区)级以上公开课,或在县(区)级以上讲课比赛中获奖,或在县(区)级以上范围内开展过讲座(1分)	每学年开过一节校级公开课,或在学校范围内开展过专题讲座(0.8分)	每学年在学科组内开过一节公开课或专题讲座(0.6分)				
	发展目标	做讲课最好的老师。学校从B21指标综合评价结果均为A的老师中评选出5位讲课最好的老师,在评价结果中加1分。						
	B22课件制作(1分)	信息技术运用能力强,每学年有一个教学课件在市级以上获奖并共享(1分)	信息技术运用能力较强,每学年有一个教学课件在县(区)级获奖并共享(0.8分)	懂得信息技术运用,每学年有3~5个教学课件在校内共享(0.6分)				
	发展目标	做制作课件最好的老师。学校从B22指标综合评价结果均为A的老师中评选出5位制作课件最好的老师,在评价结果中加1分。						
	B23辅导学生(1分)	积极组织学生参加上级组织的各类竞赛,在市级以上获奖;指导学生在市级以上各类刊物上发表文章。指导学生代表学校参加市级以上大型活动(1分)	积极组织学生参加上级组织的各类竞赛,在县(区)级以上获奖;指导学生在县(区)级以上各类刊物上发表文章。指导学生代表学校参加县(区)及胜利教育管理中心以上大型活动(0.8分)	积极组织学生参加校内学优竞赛等并获奖。指导学生代表学校参加周边单位大型活动并获得好评(0.6分)				
	发展目标	做辅导学生最有成就的老师。学校从B23指标综合评价结果均为A的老师中评选出5位最有成就的老师,在评价结果中加1分。 做学术素养高的老师。学校从B18~B23指标综合评价结果均为A的老师中评选出5位学术素养高的老师,在评价结果中加1分。						

续表

一级指标	二级指标	三级指标			评价方式			
		A等指标	B等指标	C等指标	自我评价	级部互评	学校评价	综合评价
A5 班主任工作 (12分)	B24 班级管理 (10分)	班风良好，班级常规量化考核成绩优秀，每学期夺得流动红旗12面以上(10分)	班风良好，班级常规量化考核成绩较好，每学期夺得流动红旗6面以上(8分)	班风正常，班级常规量化考核成绩一般，每学期夺得流动红旗3面以上(6分)				
	发展目标	做班级管理水平最高的老师。学校从B24指标综合评价结果均为A的老师中评选出8位班级管理水平最高的老师，在评价结果中加1分。						
	B25 业务素养 (2分)	班主任会议及集体活动全勤，按时优质完成学校布置的任务，每学年有一篇德育论文、案例、反思等在市级以上获奖或发表(2分)	班主任会议及集体活动全勤，按时完成学校布置的任务，每学年有一篇德育论文、案例、反思等在县(区)级以上获奖或发表(1.5分)	班主任会议及集体活动一般能参加，比较好地完成学校布置的任务，每学年有一篇德育论文、案例、反思等在校内进行交流(1分)				
	发展目标	做最有发展潜力的班主任。学校从B25指标综合评价结果均为A的老师中评选出5位最有发展潜力的班主任，在评价结果中加1分。						
A6 团结协作 (7分)	B27 年级部 (3分)	爱岗敬业，团结协作，在年级部工作中成绩显著(3分)	爱岗敬业，团结协作，在年级部工作中取得较好成绩(2分)	合作能力一般，在年级部工作中成绩一般(1分)				
	发展目标	做热心年级部工作的老师。学校从B27指标综合评价结果为A的老师中评选出10位热心年级部工作的老师，在评价结果中加1分。通过年级部考核评价为优秀年级部的，在评价结果中年级部主任加3分，B27综合评价结果为A的老师加2分、评价结果为B的老师加1分、评价结果为C的老师加0.5分。						
	B28 备课组 (2分)	在备课组工作中成绩显著(2分)	在备课组工作中取得较好成绩(1.5分)	在备课组工作中成绩一般(1分)				
	发展目标	做精心备课的老师。学校从B28指标综合评价结果为A的老师中评选出10位精心备课的老师，在评价结果中加1分。通过备课组(教研组)考核评价为优秀备课组(教研组)的，在评价结果中备课组长加2分，B28综合评价结果为A的老师加1分、评价结果为B的老师加0.5分。						

续表

一级指标	二级指标	三级指标			评价方式			
		A等指标	B等指标	C等指标	自我评价	部组互评	学校评价	综合评价
A6团结协作(7分)	B29班级共同体(2分)	在班级管理工作中成绩显著(2分)	在班级管理工作中取得较好成绩(1.5分)	在班级管理工作中成绩一般(1分)				
	发展目标	做积极参与班级管理的老师。学校从B29指标综合评价结果为A的非班主任老师中评选出10位积极参与班级管理的老师,在评价结果中加1分。通过班级管理共同体考核评价为优秀班级管理共同体的,在评价结果中班主任加3分,B29综合评价结果为A的老师加2分、评价结果为B的老师加1分、评价结果为C的老师加0.5分。任教多班的,加分/班数确定实际加分。 做最会合作的老师。学校从B27~B29指标综合评价结果均为A的老师中评选出5位最会合作的老师,在评价结果中加1分。						

二、评价原则及程序

在以上评价过程中,坚持人人都发展、人人都有成就的原则,每人确定适合自己的发展目标。

(1) 在学期末的发展目标评选中,每人评为优秀的项目原则上不超过8分。

(2) 积极参加公益事业,参加所有献爱心等捐赠活动,捐赠数额在全校平均以上的方可参评发展目标评选。

(3) 在B3~B9指标的评价过程中,评为优秀备课组的,组内成员每一指标评价结果比例为A等60%、B等40%,备课组长加2分。其他备课组组内成员每一指标评价结果比例为A等30%、B等40%、C等30%。

4. 评价程序

教师自评:首先由教师根据自身师德表现、工作开展情况等进行正确的自我评价,在每一个二级指标"自我评价"栏目内填写评价等级。为鼓励教师进行正确的自我评价,在自我评价结果中正确评价指标达到全部指标85%以上的在最终评价结果中加1分,达到90%以上的加2分。

部组评价:由年级部、组根据该教师日常表现情况进行客观、公正的评价,评价结果将作为学校评价的重要依据。若出现评价结果与实际情况明显不符的,将对该部组主任扣3分、其他教师扣2分。

学校评价:学校成立评价小组,由分管校长和各职能部门主任根据常规检查情况进行客观公正的评价。

综合评价:按照自我评价(10%)、部组评价(40%)、学校评价(50%)的比例确定每一项二级指标的综合评价结果。

总评结果:根据综合评价结果及发展目标得分计算出个人最终分数,并确定发展等级。

第四节 "激励性奖惩"增强教师发展内驱力

"激励性奖惩",关键是通过奖惩来激励教师,借助奖惩机制中的激励因素来肯定和促进教师的合作,肯定和促进教师的发展与提高。学校一直把激励教师、发挥教师的积极性作为学校管理的重要内容,建立了相对完善的激励机制。根据教师年龄、性别、兴趣爱好等采取不同的激励手段,以精神奖励以主,精神奖励与物质奖励兼顾,同步实现奖励以满足不同教师的需要。

目标激励:在教师发展性评价中设立"职业道德水平高的教师"、"课堂教学最优秀的教师"、"教育教学质量最高的教师"等11项发展性目标,每项发展目标设定评价标准。开学初,每位教师可以根据自身情况选择发展目标,明确自己努力的方向。学期末,按照发展性评价标准对每位教师一学期以来的表现进行客观公正的评价,确定达到发展目标的人选,在个人考核成绩中进行加分奖励,同时在全校通报表彰。仅此一项就有近半教师能获得各类发展目标奖励。

名师激励:为进一步推动学校发展,促进教育教学,学校启动"名师工程",以塑名师、树名师来树立学校新形象,提高学校的社会知名度。"名师工程"具体细化为十佳师德先进个人、首席班主任、首席学科教师、优质服务标兵四项。两年评选一次,一年一考核。评选程序:个人申报—年级部推荐—组织评比—公示。当选为名师的教师由学校颁发名师证书,同时享受评优晋职优先、在当学期考核特殊奖励项中加分、物质奖励、外出培训学习优先、订阅一本教育教学类刊物(全年)等奖励。另外,名师的优秀课题、论文、随笔、读书笔记等将在条件允许的情况下编印成册作为学校的校本培训教材或直接在校内进行交流,供大家学习借鉴。

培训激励:培训就是最大的福利,适时奖励教师外出培训。学校每年拿出专项经费组织教师到全国各地参加学习观摩、团队拓展等形式多样的培训活动，教师积极参与，热情非常高。对于工作表现突出的教师以及为学校发展做出突出贡献的教师奖励外出学习培训，例如每年中考结束后都会组织九年级毕业班全体教师到教育发达地区观摩学习，放松中考压力造成的疲惫身心，也为接手起始年级做好教育理念的转换。对于以前很少有机会外出学习的教师也提供一些好的外出学习培训机会，通过这样的培训激励调动这部分教师的工作积极性。

上述目标激励、培训激励使多数教师得到不同形式的奖励，但是总有一部分教师无法获得奖励。究其原因发现，在进行发展性评价过程中，部分教师尤其是个性比较鲜明的教师评价结果与实现发展目标总有差距，而这部分教师在学校工作特别是大型活动中往往发挥着很重要的作用。为了鼓励这部分教师的干劲，避免因长期与奖励无缘而出现工作惰性，我们出台了一项"特殊贡献人物评选办法"，表彰那些在日常工作中表现平平但在关键事件中能发挥特殊作用的教师，收到了很好的效果。

[案例]

　　任教美术学科的刘老师，由于从撤并学校分流过来，工作干劲不足，加上多年没有晋升中级职称，工作上一直表现平平，不知不觉中对自己放松了要求，晚来早走，学生、家长对其不满，学校领导也多次找他谈话，促其改进，但是均无效果。在后来的观察中发现，他个人业务能力比较强，设计能力比较突出。于是，学校领导开始尝试着给他安排一些活动背景设计、文化墙设计等工作，他欣然接受并非常认真地完成了任务，得到了很多同事的认可。在2008年学校校庆前期，学校委托外地一家公司设计校园雕塑，但是设计效果一直达不到要求。这时，学校领导想到了他，安排他两次直接到这家公司去参与设计改进，直到最后定型。经过他的参与设计与改进，学校"合和"文化在雕塑上完全地显现出来。为了奖励他在这项工作中的突出表现，也为了进一步激励他工作的后劲，学校授予他"年度特殊贡献人物"称号。自此以后，他工作态度明显有了改进，并担任了美术组的组长，带领美术组教师成功完成了数次大型活动的文化设计、背景布置等任务。

（任光升执笔）

这是我校实施人本化管理以来一个很成功的案例。"刘老师现象"在很多学校普遍存在，如果按照传统思路不给其提供特殊展示机会，他有可能就一直这样放任下去。任何人都有得到尊重的需要,都有表现的欲望,只是在多数情况下都被漠视了。而我们恰到好处地给其创造了展示其能力的机会,他觉得自己获得了尊重,珍惜这样的机会并充分地展现了自我,重新塑造了自己的形象。

学校的这些措施都是非常朴实的,都是非常贴近教师工作生活的。当这些激励措施充分发挥作用的时候,会使教师产生奋发向上的强大而又持久的行为动力。

第五节 实施管理体系的效应

这种"拥抱式组合,一体化管理,发展性评价,激励性奖惩"管理体系,建立起了真正意义上的合作型同事关系,激发了教职工队伍活力,学校工作步入良性循环。

一、教师观念得到转变

建立真正的合作型同事关系,就要突破教师间"以邻为壑"的藩篱,就必须花大气力对教师的思想观念进行了解和转变。特别是对那些从原来"领导安排"到"自主选择"不适应的教师,通过领导讲解、同伴疏导、小组讨论等形式都有了比较全面和深入的认识,实现了全体教职工基本认同的统一认识。即一个年级的所有任课教师是一个团队,大家的共同目标就是在年级部主任的带领下通过合作共同完成学校交给的各项任务,对本年级部的全体学生负责;一个班级的所有任课教师是一个小的团队,是一个小的教育共同体,这个团队的共同目标就是对本班级的全体学生负责,担负起共同教育的责任;每个年级内的同学科教师又是一个小的团队,是一个小的学术共同体,担负着本年级本学科的教学与科研任务。在所有的共同体中,大家荣辱与共,共同为本年级所有学生的终身发展负责。在此过程中,同事之间相互学习,共同研讨,互相帮助,和谐共处。同时,每一位教职员工也都清醒地认识到:自己的岗位自己找,自己的同事自己寻。从原来学校领导主观安排工作到教师自己找工作、想工作以及一起合作做工作,由原来领导安排合作伙伴到自己找寻合作伙伴,形式转变带来的后果表现出极大的活力。

二、学校办学水平得到提升

多年的探索与实践,我们形成的"拥抱式组合,一体化管理,发展性评价,激励性奖惩"的"赛马式"管理机制,大大提高了工作与管理效能,减少了管理和人际关系中的矛盾点,融洽了同事间的关系,教师的团队意识大大提高,办学效益大有长进,整体办学水平提升到了一个新水平。学校在教育教学的各个方面,都呈现了前所未有的和谐与活跃的状态,特别是自 2007 年开始,中考重点高中上线率均达到了 50% 以上,学校的各项工作也积累了新经验,由一所名不见经传的普通学校转变成充满生机与创新活力的学校。

第六节 实施管理体系的局限

实践证明,管理体系的实施对学校有着积极长远的意义,促进了学校可持续发展。但是在实践中,由于教育体制和人事制度的制约以及延伸出的一些根深蒂固的问题依旧存在,造成这套管理体系的局限性。尽管通过人本化管理体系的不断实施,从一定程度上削弱了那些问题的负面影响,但也给我们留下了很多的思考。

这套管理体系需要上级部门有相应的配套政策。从学校层面上进行人事制度改革,已经向前迈出了坚实的一步,并且走在了同类学校的前列。但是我们的改革依旧是在国家教育体制和用人制度框架内进行的,人员无法流动,工资结构无权调整,导致的结果是教师干好干坏工资影响不大。学校是教书育人的场所,教不好就会误人子弟,但是确实有的人不适合教书,也有的因为身体原因无法胜任教学工作或者不能担任主要学科教学,而这些人都占用正式编制。学校历史上的整合也遗留下部分问题,学校有点超编,按照有关规定不能新进教师,导致我校已经近十年没有引进年轻教师,教师队伍老化。反映在"拥抱式组合"方面,教师结构不合理,有些教师扎堆同时竞聘同一个教学任务,有的教师竞聘不到自己合适的岗位就不得不放弃竞聘等,导致有的岗位无人去竞聘,但又不能空岗,最后学校只得进行协调安排。这就需要建立一个流动用人机制,需要上级有关部门有相应的配套政策,既要有出口,也要有入口,保证学校正常教育教学的用人需要。

由于上级没有相应的经济配套政策,学校的自主权比较小,无法在物质上有大的作为,因此在激励方面,我们更多的是采取精神激励。在当今社会形势下,学校很难保持一方净土,教师对物质方面的需求也是客观存在的。因此只靠精神层面的激励是远远不够的,我们一直提倡教师的奉献精神,但是奉献不代表不需要物质保障。教师是社会的一员,需要在这个社会中生存,有物质方面的追求是无可厚非的,相比之下,精神激励的局限性就日益突出,需要我们加大物质激励的力度。

第五章　人本化考核评价系统

"拥抱式组合，一体化管理，发展性评价，激励性奖惩"管理体系的运行需要制度做保证，这就需要在人本化管理框架下建立起与管理体系相配套的民主科学化的教师考核管理系统。

教师考核管理系统的核心是以人为本，根本目的是促进教师的发展。通过评价，提高教师职业素养和教育教学能力，促进教师自我价值的实现。在评价过程中，注重尊重教师人格，满足教师自我愿景需求，重视发挥教师工作的内驱力，把教师的内在发展与外在压力有机地结合起来，促进真诚合作关系的建立，使团队合作走向深入。通过评价，规范教师的教育教学行为，加强职业道德建设，促进教师专业发展，提高教育教学质量。

教师考核管理系统包括"教师个人发展性评价办法"、"年级部发展性评价办法"、"备课组发展性评价办法"等配套考核办法。本章着重以"教师个人发展性评价办法"为主进行阐述。

第一节　民主科学化的教师考核系统

一、民主科学化的教师考核系统的建立过程

制度是否以人为本，是否民主科学，除了制度本身的因素以外，更重要的是得到被考核者认同和接受。每一个办法均是通过自下而上、反复讨论修订而成的。具体来说，我们采取"头脑风暴"的方式，组织教师进行大讨论，在讨论中不断完善。第一步，公布要制定的办法是什么，明确制定这个办法的意义，给教师一个学习、准备的过程。第二步，把教师组织起来按照"头脑风暴"的方式进行分组讨论，汇总讨论结果。第三步，由学校成立的起草小组根据教师讨论的结果形成初稿。第四步，再次通过"头脑风暴"对初稿进行讨论，修订完善，形成修订稿。第五步，采集一个学期的考核数据，用修订稿进行模拟评价，对评价结果进行综

合论证分析,从而进一步修订完善。第六步,提交教职工代表大会审议,作最后的修订完善,然后执行。

通过这样的民主程序,让教师进行反复的讨论修订。因为讨论修订的过程本身既是教师体验当家做主的过程,又是教师不断研讨学习内化认同的过程。制度的建立必须要公平,而教师的认同又在某种程度上是最大的公平。因此,每一个办法的出台,都要经过多次反复讨论,一般要历时半年多时间,并要求每一位教师至少提一条建议或想法,每一位职工代表至少要征集到三到四条好的建议或意见。对于其间收集到的建议或意见,学校成立专门的小组认真进行分类整理,并逐一答复,对于好的意见或建议还给予奖励表扬,鼓励全体教职工在大的框架下敢想敢说,勇于发表自己的意见和见解。这样,既征集了意见,统一了思想,又疏导了心理,加深了相互间的理解。

二、民主科学化的教师考核系统的内容

改变以往以甄别优劣为主的教师评价方式,建立由影响教师发展的6个一级指标、15个二级指标、30个三级指标以及11项发展目标构成的评价体系。

(一) 评价内容

概括来说,引导教师从以下6个方面进行发展。

1. 爱岗敬业

从工作量和出勤两方面引导教师做最敬业的教师。工作量包括教学工作量和管理工作量,以教学工作量为主,引导教师把主要精力放在教学工作上;管理工作量涉及学校方方面面,引导更多的教师参与到学校管理中来。出勤方面,充分考虑到教师的职业特点,尊重教师的工作规律,实行相对宽松的考勤制度,在一定范围内给教师处理好工作与生活关系的时间与空间,引导教师在正确处理好工作与生活关系的前提下勤奋地工作。

2. 学生喜欢,家长信任

通过学生评教和家长评教引导教师做最受学生欢迎的教师和家长最信任的教师。学生评教和家长评教均以给每个任课教师找优点为评价依据,而不是让学生和家长监督教师,给教师挑毛病。学生和家长的肯定是教师继续努力的动力,学生和家长没有给予肯定的地方一定是下一步努力的方向。这样,不仅避免了因为学生和家长评教而束缚了教师,造成教师不敢放手管学生,同时也避免了教师与学生、家长形成对立情绪,从而引导学生和家长去发现教师的优点,肯定教师的工作,在肯定中渗透出对教师的期望和要求。

3. 常规扎实，教学质量好

我们从集体备课及学案的书写、作业批改与学生辅导、课堂教学实效以及板书、口才等几方面引领教师做教学基本功最扎实的教师、课堂教学有创新意识的教师、作业批改最认真的教师、学案设计最好的教师、教学质量最好的教师等。

4. 虚心学习，务实科研

从虚心学习与培训、相互听课研讨、积极参与科研课题的研究、积极讲公开课以及辅导学生等各方面引领教师做学术素养最高的教师、最虚心学习的教师、最有改革创新意识的教师等。

5. 班级管理与育德工作

从班级管理和班主任素养两个方面引导教师做班级管理水平最高的教师和最有发展潜力的班主任教师。

6. 积极参与，善于合作

从以年级部为单元的管理共同体、以备课组为单元的教科研共同体和以班级管理为单元的教育共同体三个方面，引领教师积极合作，做最善于合作的教师、育人业绩突出的教师、热心级部工作的教师等。这样从教育教学的各个方面为教师的发展提出明确的目标，教师可以根据自身的特点进行充分的选择，既可以扬长避短，也可以扬长补短。

（二）发展目标

发展目标分为团队发展目标和个人发展目标，而每一个目标就教师的个人发展和团队合作而言，都有明确具体指标的引领，让教师根据具体指标，有的放矢地去搞好自己的个人发展规划。不管什么样的教师，更不管教师处于什么层次，只要努力，就有机会获得大家的认可和尊重。

团队发展目标包括优秀年级部、优秀备课组、育人效果优秀团队。

个人发展目标共有11项，包括职业道德水平高的教师、课堂教学最优秀的教师、教育教学质量最高的教师、最热心工作的教师、优秀班主任、课堂教学改革最先进的教师、后进生转化水平高的教师、个人专业水平发展成果最突出的教师、校本课程开发最有特色的教师、学生最喜欢的教师、家长最信任的教师等。同时，单设年度特殊贡献人物一项，作为个人发展目标的补充。

三、民主科学化的教师考核系统的实施

教师发展性评价采用自我评价、部组评价、学校评价三级评价方式。自我评价主要引导教师正确定位和评价自己各方面的工作，即对自己既有一个正确的肯定，又能充分了解自己发展过程中的不足；部组评价主要是年级部、备课组、班

级共同体根据教师平时的工作表现、学生反应、合作程度等对本组教师有一个充分的肯定和指导性帮助;学校评价重点是各职能处室根据平时检查情况和各种活动的参与情况、教师的教学成绩和育人效果等各方面进行综合考评。

(一)评价原则及程序

1. 评价原则

在以上评价过程中,坚持人人都发展、人人都有成就的原则,每人确定适合自己的发展目标。

2. 评价程序

由职能处室牵头成立评价小组,根据日常检查情况进行客观公正的评价。其中职业道德评价小组必须有年级部主任参加,同时参考学生、家长评价意见,确保年级部评价意见、学生和家长意见分别达到30%左右。工作表现考评小组必须有年级部主任参加,同时参考学生、家长评价意见,确保年级部评价意见达到40%左右,学生和家长意见达到20%左右。各职能部门提名考评小组成员须经教代会审议通过。所有评价结束后各评价小组将评价结果汇总到校办。

(二)评价过程

职业道德评价由校办牵头成立考评小组,根据实际情况,结合学生和家长问卷结果进行。达到四级指标要求的记8分。同时,各部组按照本部组人员30%的比例推荐职业道德优秀教师,加2分。如有违法乱纪行为、违反师德行为、出现责任事故、体罚或变相体罚学生等被举报到胜利教育管理中心及以上部门造成不良影响的,一次减4分;举报到学校且造成不良影响的,一次减2分。

工作量由教务处、课程部牵头成立考评小组进行认定,这两项工作量可以累加,但是总分不得超过该指标的总分值。对于评价标准中没有明确规定、临时性工作的工作量的认定由考评小组提出建议,报请分管校长批准后记入总工作量。

出勤考核由校办牵头成立的考评小组进行认定。正常上班由级部主任或组长负责考勤记录,期末将考勤记录汇总到校办,期间校办组织抽查,抽查过程中人不在岗又没有外出记录或请假条的一律按旷工处理。升旗仪式由教务处负责考勤中学教师,德育处负责考勤中学班主任,课程部负责考勤小学教师,护导处负责考勤小学班主任,升旗仪式结束后将考勤结果汇总到校办。各种会议考勤由会议组织者负责,学期末汇总到校办。请假必须填写请假条,经教务处主任签字后按照以下权限批假:半天由年级部主任签字(体育组由德育处主任签字,音美组由护导处主任签字),一天到三天的由分管校长签字,三天以上的由校长签字。假条签字以后交校办一份,年级部自留一份,归来后及时销假。有中心医院或同等级别医院出具病假条的销假时一并交到校办。工作期间外出的必须填写临时假条,年级部主任签字,外出人员将临时假条交门卫方可外出。

工作表现由德育处、护导处、教务处、课程部联合进行评价。

德育工作由德育处、护导处成立考评小组负责评价考核。班级管理共同体按照评价标准进行评价。家访情况结合家访记录和学生家长问卷调查情况进行。家访可采取书信、邮件、电话等方式进行。转化后进生工作评价按照评价标准进行,教师开学初从上学期期末班级评定后30%的学生中确定帮教学生,要求个人申报,有帮教计划、帮教记录,且学期末帮教学生在期末学业成绩检测中进步明显。

教学工作评价由教务处、课程部牵头成立考评小组进行认定。学教案每两周检查一次,针对备课组确定评价等级,学期末根据检查情况确定最终评价等级。音体美科目根据任教学段将学教案分别交到教务处和课程部统一进行评价。业务手册、组织教学、作业批改、语言板书、电化教学均按照评价标准进行评价。

专业发展由教科室、教务处、课程部联合进行评价。

继续教育由教科室牵头成立考评小组按照评价标准进行评价。寒暑假期间撰写的读书笔记记入下一学期考评。学校统一安排的外出听课、听讲座、交流等要认真填写学分证明卡或者校本培训记录。学分证明卡需要主办部门盖章有效,培训记录需要分管校长签字有效。听课由考评小组根据平时检查记录、学生反馈等进行认定。听课记录每周检查一次,学校统一组织的听课、评课活动由活动组织的部门提供听课教师名单,教师自行听课的在听课后到备课组长处登记,备课组长每周将本组教师听课情况报给教科室,教科室负责检查。

论文总结、课题研究、公开课、课件制作、辅导学生等采取平行记分的办法,鼓励教师根据自身情况选择某一方面进行钻研,只要有一项突出并取得成果即可,引导教师将主要精力放在教育教学上,避免在这些方面追功逐利。过程中教师须提供有关材料复印件,课程开发、讲座以主办部门出具的证明或证书为准。

开发校本课程或第二课堂或选修课由教务处牵头成立考评小组进行认定。以校本课程开发方案文本、评定结果以及第二课堂或选修课计划、记录等为准。

育人效果评价由德育处牵头成立考评小组的以班主任为核心班级管理共同体来确定评价结果,任教多班的平均后记入。学习习惯评价根据评价标准结合日常上课、作业完成、学业成绩情况以及各种检查记录、学生家长问卷调查结果进行认定。行为习惯评价根据评价标准结合各种检查记录及学生、家长问卷调查结果进行认定。心理健康水平评价根据评价标准结合日常记录,教师开展的有关心理健康教育的材料,心理咨询室抽测的学生心理健康水平结果以及学生、家长问卷调查结果进行认定。近视眼发病率评价根据评价标准结合校医提供的体检记录以及日常视力抽测情况确定。体育达标率根据评价标准结合结合教师与学生共同参与体育锻炼情况及学生体育达标率确定。

学业成绩合格率由教务处牵头成立考评小组根据评价标准确定,同时参考其他学校总评合格率对评价结果进行合理调整。

(三)发展目标评选及奖励

1. 团队发展目标评选及奖励

优秀年级部:根据《胜利第五十九中学年级部发展性评价办法》,评选出两个优秀年级部。

优秀备课组:根据《胜利第五十九中学备课组(教研组)发展性评价标准》,六至九年级语文、数学、英语每个年级每个学科分别评选出一个优秀备课组,其他学科分别评选出一个优秀备课组。

育人效果优秀的团队:根据育人效果,评选出4个育人效果优秀团队,评为育人效果优秀团队的所有成员均为育人效果优秀的教师。

评选为以上优秀团队的团队主要负责人在个人评价结果中加2分,所有团队成员加1分。

2. 个人发展目标评选及奖励

职业道德水平高的教师:从职业道德评价结果为满分的教师中评选出20位。

课堂教学最优秀的教师:从教学工作表现突出且学业成绩合格率高,同时在教务处、课程部进行的日常巡堂中没有违反教学常规记录的教师中评选出20位。

教育教学质量最高的教师:从学业成绩合格率高的教师中评选出20位。

最热心工作的教师:从工作量满额,能积极主动承担其他工作或级部主任安排的临时性工作的教师中评选出20位。

优秀班主任:从德育工作表现突出的班主任中评选出10位,当学期有德育论文、案例等在县级以上获奖或县级以上正式刊物发表的优先。

课堂教学改革最先进的教师:从"学案式教学"或"信息技术与学科整合教学"中形成自己的特色并取得一定成绩的教师中评选出10位。

后进生转化水平高的教师:从后进生转化教育方面成效突出,学期初有转化计划,中间有转化记录和措施,期末转化学科和整体成绩均有明显进步的教师中评选出10位。

个人专业水平发展成果最突出的教师:从论文总结、课题研究、公开课、课件制作、辅导学生等方面成果突出的教师中评选出10位。

校本课程开发最有特色的教师：从开发校本课程或者第二课堂效果好的教师中评选出10位。

学生最喜欢的教师：根据学生问卷调查情况，结合年级部特点，从学生喜爱率较高的教师中评选出10位。

家长最信任的教师：根据家长问卷调查情况，结合年级部特点，从家长信任率较高的教师中评选出10位。

特殊贡献人物：根据《东营市胜利第五十九中学"年度特殊贡献人物"推荐评比方案》，在全校评选出10位年度特殊贡献人物，每年评选一次。

获得以上1~11项发展目标中任一项的教师奖励1分，评为特殊贡献人物的教师奖励2分，累计不超过5分。

四、民主科学化的教师考核系统的发展

学校的教师考核管理系统是随着学校的发展而不断发展完善的，在学校发展的不同阶段均发挥过积极的作用。根据不同时期社会形势和学校发展历史，针对教师队伍状况，学校的教师考核管理系统经历了一个演变的过程，大致分为三个阶段，即等级考核、量化考核、发展性评价。

第一阶段是比较宽松的等级考核。从德、勤、技、能四个方面进行，并细化为28个小项，每个小项均有考核标准，按照优(1)、良(0.8)、中(0.6)、差(0.4)四个等级(括号内的数字代表本等级的权重)由学校考核领导小组对教师的工作进行考核。这种考核方式在建校初期是比较有效的，这个时期的学校正处于起步阶段，教职工队伍的凝聚力比较强，工作干劲足，采取这样的考核方式能很好地反映出教师的工作表现及业绩，大多数教师的考核成绩都是优秀，通过考核能更进一步激励教师工作。这个时期，学校教育教学质量不断提升，并且创造了胜利油田中考三连冠的辉煌。但是这种考核方式弊端也很明显，即没有明确的量化标准，考核项目全部由考核小组打分完成，人为因素过重。随着学校不断发展壮大及形势的变化，这种考核方式的弊端逐步显现，教师的惰性也随之产生，教育教学质量随之下降。

第二阶段是相对严格的量化考核。在胜利油田改制分流、竞争上岗的大背景下，教职工的工作积极性明显下降，同时其他学校竞争上岗分流导致我校教职工人数迅速增多，教职工队伍比较涣散，教育教学质量开始下滑，生源流失严重。在这种情况下，学校只有进行大刀阔斧的改革才能彻底扭转颓势。其中最有效的措施之一即是对教师考核管理制度进行改革，采取推倒重来的策略，重新制订了一套相对完善的教师考核管理制度，即《胜利第五十九中学教职工考核管理办

法》。这套考核制度是经过长期酝酿才制定出的一整套由家长评教、学生评教、教师评教、常规工作、质量考核和工作量六部分组成的比较适合当前实际的考评激励办法,是建立在"相对模糊"的基础上,从服务对象的感受和教师日常工作的过程等方面考察教师工作的全程,引导教师注重工作的过程和服务对象的体验,淡化分数和考试的评价作用,要质量但不唯分数,要考试但不过分应试。这套考核制度运行了近五年,从实践效果来看,极大地调动了广大教职工的积极性,教育教学质量逐年提高,2006年中考首次突破百人大关,重点高中上线率达到50%以上,为学校今后的跨越式发展奠定了基础。这套考核制度的实施,在学校走出低谷的过程中发挥了突出的作用,但是随着学校教育教学质量的提升及社会美誉度的不断提高,其暴露出的问题日益显现。这套考核制度注重的是量化考核,虽能直接反映出教师的工作情况,但是始终有部分教师处于考核结果的中下游,包括一些非常能干但是没有什么突出业绩的教师,在一定程度上造成了教师的消极和倦怠心理。

第三阶段是发展性评价。这个阶段正是学校重新走向辉煌的时期,教育教学成绩在同类学校中处于前列,学校先后通过了东营市规范化学校、山东省规范化学校验收,整体办学水平迈上了一个新台阶。同时,学校随着教育整体移交划归东营市管理,工资待遇等得到较大幅度的提升,教师地位也日益提高。在这种情况下,采取严格的量化考核对教师工作积极性的调动力逐渐减弱,随之而来的是职业倦怠和工作积极性的下降。于是,我们开始针对前期的量化考核进行反思,查找原因。通过分析发现,尽管教师职业倦怠现象比较突出,但是教师内在发展的需求依然比较强烈,缺少的是发展的平台和机会。为此,我们再次对当时的考核制度进行了改革,改考核为评价,不再按照考核成绩对教师排名划等,以甄别式为主的量化考核改为以促进教师发展为主的发展性评价。在吸收先前量化考核制度中的一些积极因素的基础上,增加了更多的促进教师发展的评价指标,引导教师走专业发展之路。这样的评价方式,给更多的教师提供了发展的机会、展示的平台,教师重新找回了成就感,教职工队伍整体活力被进一步地激发出来,有效调动了教职工的工作积极性。

第二节 人本化过程性的学生考核评价体系

一、德育人本化过程性的学生考核评价体系

现行的初中学生评价制度与全面推进素质教育的要求不适应,这几乎已经

成了教育界人士的一致看法。它的弊端显而易见：强调甄别、选拔功能，忽视改进、激励的功能；片面追求升学率，忽视学生全面发展；过分注重学习成绩，忽视个性差异，抑制了个性潜能的发展；过于关注结果，忽视过程，评价方法单一，基本是"一考定终身"，几门考试科目分数简单相加作为唯一的升学录取标准，唯分数论严重违背了素质教育的要求。从目前各地、各学校综合素质评价工作的情况看，现有的学生综合素质评价模式多数产生于应试教育环境，在评价目标、评价内容和评价方法上都存在许多不足。其主要表现为：定性分析和研究较多，定量分析方面较少且过粗；指标体系过于陈旧，指标体系中要求学生应该具备的综合素质不能满足时代发展的需要。全国各地对于学生综合素质评价的研究尚处于摸索阶段，绝大部分学校对学生的综合素质评价大多处于中考前的档案"归类"式的突击，落实更多的是流于形式，其结果在学生的毕业和升学中要么"硬挂钩"，要么"软挂钩"。"硬挂钩"导致评价仍然是选拔学生的工具，为高一级学校选拔服务，舍本逐末，为选拔不为发展；"软挂钩"导致走过场，起不到评价与考试导向素质教育的作用。所构建的评价体系没有包括学校教育教学活动的全部，新增加的教育活动、学生日常管理活动及结果没有纳入评价的体系中，个别学校学生成长档案建立不完善、评价程序不规范、结果公示不到位等，一系列问题影响了学生综合素质评价工作对实施素质教育的保障和促进作用，影响了中考招生录取工作的公平、公正和严肃性。因此，加强对学生综合素质评价的行动研究，建立与完善能促进学生全面发展的综合素质评价体系，充分发挥综合素质评价的功能，使评价的过程成为促进教学发展与提高的过程具有重大现实意义。

从 2007 年开始，按照素质教育和新课程理念的要求，以道德品质与公民素养、学习能力、交流与合作、运动与健康、审美与表现为基本内容，以学生实际表现为依据，采取多元化的评定方法，制定了《胜利第五十九中学学生发展性综合素质评价方案》，力求全面反映学生的综合素质发展状况，促进学生潜能发展、个性发展和全面发展。

为了使学生的综合素质评价工作能够真正得到贯彻实施，发挥其评价功能，真正体现评价结果的公开、公正、公平，确保诚信度，我们首先加强了与之相配套的制度建设。

(一) 建立各种规章制度

1. 组织机构的建立

一是成立学校评价工作领导小组。

学校成立了以校长为组长，副校长、各处室主任、年级主任、教研中心主任为组员的学校评价工作领导小组。

主要职责：① 组织培训和宣传工作；② 负责领导和管理学生发展性综合素质评价工作；③ 负责制订《胜利第五十九中学学生发展性综合素质评价方案》以及相关制度和具体操作程序；④ 组织实施学生发展性综合素质评价工作，及时对评价实施的过程、效果进行监控，表彰先进，惩戒违规违纪人员；⑤ 审定评价结果，受理咨询、申诉和复议申请。

二是成立综合素质评价实施小组。

组成人员：主管副校长、德育处主任。

主要职责：① 负责实施《胜利第五十九中学学生发展性综合素质评价方案》；② 学生成长档案袋的完善与管理。

具体分工：

主管副校长：具体组织实施、检查指导评价工作。

德育处主任：负责学生成长档案袋的建立完善、监督管理、培训指导、检查评比、总结反馈，并对下一步工作提出改进意见。

三是成立年级评价工作领导小组。

组成人员：年级主任、各班班主任。

主要职责：① 做好学校《学生发展性综合素质评价实施细则》和相关制度的宣传工作；② 根据学校统一安排，以班级为单位成立班级评价小组并组织各项目的评价实施；③ 监督和指导各班综合素质评价工作；④ 检查指导学生建立成长档案袋；⑤ 学生发展性综合素质评价相关信息的采集及审定上报综合素质评价结果和相关材料。

四是成立班级评价工作领导小组。

组成人员：班主任、副班主任、任课教师、家长代表、班干部和学生代表

主要职责：① 按照学校的要求对学生及家长进行学生发展性综合素质评价的宣传和培训；② 组织学生开展自评和互评，指导家长评价和社区评价；③ 按照评价程序完成各项工作，指导本班学生做好原始数据的收集整理，建立"学生成长档案袋"并妥善保管；④ 负责对班级学生综合素质进行评定；⑤ 接待家长来访和咨询。

2. 建立培训制度

学校要组织教师认真学习《东营市初中学生基础性发展目标评价实施方案（试行）》，吃透精神，领会实质，使教师对评价工作的各个环节和细节把握清晰、明了，同时也要加强职业道德培训，使每位教师都要真正树立起对评价工作的责任心，真正意识到做好评价工作是对学生终生负责，才能保证做好评价工作。

要利用多种形式，向家长、向学生、向社会宣传国家课程改革的有关政策和新的课程理念，印发《胜利第五十九中学学生发展性综合素质评价方案》，向学

生、家长、社区人士和实践基地宣传解读，使其熟悉并掌握各项评价体系的操作规程。

学校要按照工作安排采取措施，保证每位参与综合素质评价的人员得到及时有效的培训，提高职业道德水平和综合评价能力，以确保评价结果的权威性与可信度。

3. 建立公示制度

学校在广泛征求意见基础上，确定学生发展性综合素质评价实施细则，并把评价的内容、方法、程序、等级界定和结果使用进行公示，通过家长会、致家长一封信等形式，向家长做出明确说明，征得家长和社会的理解与支持。

学校各评价领导小组的组成办法及组成人员名单，学校要进行公示，以便学生、家长以及社会进行监督。

各评价内容得 A 等第的学生在校园内公示一周以上。其他评价结果要及时通知学生本人及其家长。

公布评定结果要充分考虑并消除对部分学生可能造成的消极影响，及时召开学生家长会或家长座谈会，沟通信息，化解矛盾，保持稳定。

4. 建立诚信制度

学校要建立学生发展性综合素质评价、成长档案袋的诚信机制。学校评价领导小组要与所有组成人员及各评价小组组成人员签订诚信协议书，校长和教师要在相应的承诺书上签字，学校要建立诚信记录档案。

学校要对教师进行诚信教育，要求教师必须对学生一视同仁，以学生的实际表现为依据，客观公正评价学生。

学校要对学生、家长进行诚信教育。在同学之间的互评中做到客观公正，在自评中做到实事求是。家长要协助配合学校、学生做好评价工作，不为学生提供虚假证明，不影响学校的评价工作。要建立学生、家长、教师评价制度，确保评价的公信度。

对诚信记录不良的教师下年度取消评定小组成员的资格。

5. 建立公示、举报和申诉制度

学校要推行评价工作"阳光工程"，建立并坚决执行"公示、监督、申诉、举报制度"，做到评价工作公平、正义。校评价领导小组要确定专人负责举报和申诉的处理工作。

学生、家长、教师和其他社会人士对于评定过程中可能影响评定结果公平、公正的现象和行为，或者对评定结果存有异议，自公示之日起一周内，首先向学校评价领导小组举报或申诉。领导小组对反映的问题要高度重视，认真对待，有问题的要及时纠正，无问题的要耐心解释。

如果对学校评价领导小组的处理不满意,上诉人有权向教育主管部门举报或申诉。

6. 建立评价质量监控和分工协作制度

在评价工作中,学校评价领导小组要对评价质量监控,充分了解有关信息,及时解决有关问题。

具体如下:

日收集:由班级学习小组记录员每天负责收集本学习小组关于学生的的综合素质评价材料并做好详细记录,发现问题及时向班委会、班主任汇报。其主要目的是强化评价的过程性和实效性,避免流于形式和平时不评,积累到一起集中突击、应付检查。

周反馈:每周末班委会将日抽查结果汇总后向班级评价小组或班主任汇报,对评价过程中出现的问题,及时进行整改和指导帮助。每周一班会,班级评价小组要把班级学生的课堂表现、突出表现和评价情况向全班展示。这样,有助于促进评价工作的开展,发挥评价的激励作用,调动师生评价的积极性。

月检查:每月末年级部对本年级各班评价工作进行全面检查,量化评比,严格执行各项评价制度。对做得出色的,给予表扬和奖励,对存在问题的,要限期整改,并给予批评,保证评价的质量,把评价制度落到实处。

学期中沟通:每个学期中间,学校将统一组织各评价主体做好阶段性评价工作,各班级将利用家长会把评价结果与家长沟通,与任课教师沟通,让家长了解孩子各个阶段的成长状况,让教师关注学生的发展情况。这既有利于做好家庭教育,也有利于学校教育,更有利于孩子的健康成长。

学期末总结:每学期末各班评价小组对班级学生发展性综合素质评价进行认真总结,年级评价领导小组对本年级评价工作具体总结并上报学校评价工作实施小组。其目的是总结成功经验,查找问题原因,制定改进措施,使评价工作扎实有效。

学校评价领导小组对各年级部评价工作进行抽查,对评价结果的真实性和有效性进行核查,查出重大问题要重新组织评定,对弄虚作假的情况则要在诚信记录中记载。

评价是一项系统工程,学校各职能部门要密切配合,通力协作,确保评价工作顺利实施。

7. 建立奖惩制度

学校要把综合素质评价工作与学校日常管理和考核挂钩,作为班主任和科任教师量化考核的一项重要指标,作为评选三好学生、优秀学生干部的硬指标,对评价工作做得好的教师要给予表彰、奖励。

对综合素质评价工作态度消极、敷衍了事、质量差、信度低的教师要给予批评。对在综合素质评价过程中有违纪违规行为的,一经查实,根据情节从严处理。涉及学生的,按方案要求严肃处理;情节严重的,在综合素质评价中"道德品质"与"公民素养"方面直接定为 D 级。

(二)评价方案的形成过程

学生发展性综合评价制度的建立,是一个积累的过程。为了制定出符合学校实际情况的学生发展性综合素质评价体系,我校成立了学生发展性综合素质评价工作小组,在实践中探索,在探索中实践,经过工作小组全体人员的讨论和研究,确定分"三步走"完成我校的学生发展性综合素质评价体系。

第一步:准备阶段(2007 年 6 月—2007 年 8 月)。主要工作是搜集、整理学生综合素质发展性评价的相关资料,建立、完善学生成长记录袋。

第二阶段:探索阶段(2007 年 9 月—2008 年 7 月)。主要工作是组织全体参与评价的人员培训,调查了解学生家长、学生及社会各界对学生综合素质评价的意见和建议,制定符合学校实际的学生发展性综合素质评价实施方案。

第三阶段,实施阶段(2008 年 9 月—目前)。主要工作是根据完善后的《胜利第五十九中学学生发展性综合素质评价方案》,完成学校 2009 届学生综合素质的评价工作。

在评价方案的制定中,学校广开言路,畅所欲言,把条条思路理清,件件事情想细,各个环节抓准,点点偏差校正,层层漏洞堵死,变不利为有利,化压力为动力。经过两年多的准备与探索,七易其稿,《胜利第五十九中学学生发展性综合素质评价方案》终于完成,并确保了方案的可操作性、科学性和示范性。

(三)学生发展性综合素质评价体系

实施对初中学生的综合素质评价,是课程改革的重要组成部分,是促进学生综合素质全面提高的手段。为此,经学校研究决定,从 2008—2009 学年秋季开始,学校对课改年级的学生实施综合素质评价。现根据教育部《国家基础教育课程改革实验区 2004 年初中毕业考试与普通高中招生制度改革的指导意见》和山东省教育厅《关于实行初中学生综合素质评价制度 深化高中阶段学校招生制度改革的意见》的精神,特提出如下暂行实施意见。

1. 综合素质评价的内容

《胜利第五十九中学学生综合素质评价方案》是为了培养学生的"团队"责任意识,在学校"自主互助学习型课堂"小组建设的基础上进行学生综合素质评价。综合素质评价在日常性记录基础上进行,其内容包括道德品质、公民素养、学习态度与能力、交流与合作、运动与健康、审美与表现等学生基础性发展目标的六个方面,学校根据学生的平时表现、活动记录、学习作品、特长潜能、奖惩情况等,力求全面、客观、公正地反映学生的总体发展水平。

2. 综合素质评价结果的呈现形式与依据

综合素质评价的结果由"综合表现"和"评估等第"两部分组成。

(1) 综合表现。综合表现的内容为学生道德品质、公民素养、情感态度、合作精神、日常表现等五个方面的定性表述。它包括"综合表现评语"和"综合表现评定"两部分。

综合表现评语。综合表现评语主要是对学生综合表现内容的五个方面进行定性描述,尤其应突出学生特长、发展潜能以及各方面的成就。综合表现评语应在学生自评、同学互评、任课教师评价的基础上,结合《中学生成长手册》,由班主任撰写,学校评定工作领导小组审核确定。

综合表现评定。各班级可根据学生综合表现内容的五个方面,结合各班级的"自主互助学习型课堂"小组的日常记录进行评定。评定程序与"综合表现评语"同步进行。

(2) 评估等第。评估等第主要对能够体现学生素质发展水平的部分项目进行定量测评。测评项目一般包括学业水平测试、审美与艺术(音乐、美术等)、运动与健康(体育、体质健康标准等)、探究与实践(研究性学习、社区服务、地方课程、学校课程等)、劳动与技能(劳动技术、信息技术、实验操作等)五类。

学业水平测试。测评依据主要是三个学年中达标测评和终结性测评的成绩等级,以及参加学校或校级以上各类学优竞赛活动获得成绩与奖励情况等。

审美与艺术。测评依据主要是三个学年末音乐、美术考核的成绩等级,九年级艺术表现性活动测评成绩,学生运用多种形式进行艺术创作、表现其审美情趣的作品,参与艺术表现性活动的原始记录,以及参加学校或校级以上艺术活动获得成绩与奖励情况等。

运动与健康。测评依据主要是五个学期末体育与健康考核的成绩等级,九年级体质健康测试成绩,以及初中阶段参加各类体育比赛获奖情况等。

探究与实践。测评依据主要是五个学期末地方课程与学校课程成绩等级,三个学年综合实践活动课程的过程记录与学习成果(包括社会实践活动、科学实验研究、参与社会服务、小制作小发明的作品或成果),以及初中阶段参加小科技、小课题、小发明、小论文等各类比赛获奖情况。

劳动与技能。测评依据主要是五个学期末信息技术成绩等级,参加中小学信息技术等级证书考试情况,五个学期科学实验操作考核成绩等级,初中阶段参加劳动技术课程活动的记录,以及初中阶段参加网页制作、信息学、机器人比赛情况等。

综合素质评价的呈现形式可分为终结性测评与平时测评两类。终结性测评包括学业水平测试、艺术表现性测评、体质健康标准测试三项。学业水平测试根据上级教育部门的安排进行。体质健康根据国家教育部《学生体质健康标准(试行方案)》的要求进行测试。测评时间安排在每学年第三个月,由学校组织实施。平时测评主要通过档案袋评价,以平时学习情况与学习成果的测评为依据。综合素质评价工作要在下学年开学前完成。

学生常规素质评价由学生自评、小组评价、家长评价和教师评价组成,分别占10%、30%、20%、40%。测评等第分为A、B、C、D四等,85分以上者为A,75～84分者为B,60～74分者为C,60分以下者为D,分别代表优秀、良好、及格、不及格。其中A等与B等一般占总体的50%,D等宜占总体的10%以内(对不合格等级的评定要特别慎重,对有违法行为或受到学校记过以上纪律处分未撤销的学生可以评为不合格,并经班级评定工作小组评议,学校评定工作领导小组复核,才能认定评定结果)。A等不设固定比例,但设刚性要求,学校测评提出A等名单后,交学校综合素质评价工作委员会审定。

对具有一定特长(指参加由教育行政部门牵头举办的在县级及以上范围获得体育前6名,艺术、科技、学业类竞赛三等奖及以上者,国家一、二、三级运动员,参加艺术特长测试达B级及以上者)的学生,可凭获奖证书或等级证书,根据综合表现直接确定相应项目A等。

3. 综合素质评价的组织

学校将加强对综合素质评价工作的领导,对年级部评价工作进行指导,对评定者进行培训,监控评价过程,接受申诉和举报,对评价过程中的违规行为进行查处。

学校要成立由学校领导、德育处、教务处、教师代表组成的综合素质评价工作委员会,指导校内评定工作,监督评定过程,接受质询、投诉与举报,及时纠正评定中的偏差。

综合素质评价工作委员会对评定结果的真实性和有效性进行审查并负责。评定结果原则上不得更改。如果确实发现评定结果有误,应记载更改缘由及更改人,同时保存原评定记录以备查。

综合素质评价以班级为单位开展工作,班级要建立由班主任、任课教师组成的综合素质评价工作小组(不少于5人)。工作小组根据学校制定的综合素质评价工作的实施细则与具体程序,完成综合素质评价工作。

（四）综合素质评价的实施

评价工作每学年举行一次，于学年末完成，最后一学年应于5月底完成。第四学年在进行毕业生综合评定时，既要参考学生第一、第二学年的评定结果，更要重视学生在第三学年的素质发展状况。

评价工作程序与方式：① 组织学生自评；② 组织家长评；③ 组织同学组评；④ 班级综合素质评价小组通过集体讨论，客观、公正地评定学生的综合素质等级，并作出综合性的描述；⑤ 学校综合素质评价工作委员会进行审核。

综合素质评价要坚持过程与结果的结合，参考《中学生成长手册》和"自主互助学习型课堂"小组的日常记录，注重对原始资料的分析和概括，将有关证据整理成册，并记录关键表现。评定时应充分尊重学生的自评与互评，避免以偏概全。

综合素质评价要坚持公开、公正、公平原则。评价的内容、方法、程序等要事先向学生公布。评价结果只通知学生本人，如有异议，学校应及时根据情况进行调查和再评。综合素质测评等第为A等的，要向班级公示，认定证据在公示期间（1周）内可以公开接受核查。公示结束后，学校在学生"综合素质评价及评语"表上签章，此表归入毕业学生材料袋。

学校将初中毕业生综合素质评价结果汇总后加盖学校公章后备案。

学校将在综合素质评价过程中逐步建立诚信制度。参与综合素质评价的有关人员，要签订诚信协议并建立诚信档案。学校将采取有效措施，督促有关人员严格履行诚信责任和义务。

学校将向社会公示综合素质评价细则。学校可采用网络、告家长书或家长会等多种途径向学生、家长广泛宣传学校综合素质评价的指导思想，指导学生、家长配合学校进行综合评价。

学校将组织教师学习本校综合素质评价细则。学生综合素质评价是学校办学思想的体现，有利于端正教师的教育观念，有利于实施素质教育。学校在组织教师学习本校综合素质评价细则的同时，要督促学校、班级综合素质评价工作小组成员，掌握各项评价指标的操作要点、统一评价标准和评价的操作程序。

班级评价必须参考学生成长档案袋以及学生自我评价和同学评价的结果，并经集体讨论，力求客观、公正。

学校综合素质评价工作委员会要关注学校综合素质评价工作全过程，审核毕业班学生的综合素质评价结果。

综合素质评价是一项全新的工作，评价方案也有待进一步完善，各地在实施过程中有什么经验和意见，应及时向学校综合素质评价工作委员会反馈。

（五）学生人本化、过程性的综合素质评价体系实施意义

综合素质评价的价值在于促进学生全面、有个性和可持续的发展，其根本目的在于引导学校实施素质教育，全面落实课程方案，引导学生全面发展、个性彰显。我校开展学生综合素质评价工作以来，不仅促进了教学和教育事业的发展，锤炼了教师队伍，提高了学生素质，而且还丰富了校园文化生活，一举多得，一事多赢。

一是建立了学生综合素质评价管理体系。学生综合素质评价如何评，怎么做，我们进行了积极的探索和有效的尝试。实践证明，学校成立学生综合素质评价领导小组，建立的信息采集、诚信保障、监督约束、举报申诉等方面内容的一系列规章制度是简明扼要、行之有效的，可操作性强。这充分保证了评价结果的科学、公正、公平性。

二是确定了多元化的评价主体。按照评价方案，我们采取了学生自评、同学互评、家长评价、教师评价等评价方式，初步实现了评价主体的多元化。

三是采用了多样化的评价方法。通过实施过程性评价、档案袋评价、表现性评价等评价方法，促进了形成性评价与终结性评价的有机结合。

四是收集了学生大量的实证材料。我们建立了"学生成长档案袋"，全面装载学生初中学习阶段在德、智、体、美等方面现实表现的原始资料，特别是学生阶段性评价资料、特长发展记录资料、各种奖惩记载资料、参与社会活动和综合实践活动资料等，为每一位学生建立了综合素质档案。

五是为中考改革提供了翔实的素材。我们把学生综合素质评价的评价结果与中考招生相结合，为改变"一张试卷定终身"的考试选拔制度提供了大量的、有参考价值的、采信度高的、第一手的实证材料，为上级制定新的中招政策提供了一定的依据。

六是提高了学生的学习积极性和自信心。实施学生综合素质评价后，一些文化课成绩中等生学习自信心大增，他们在其他方面的优秀表现可以弥补文化课成绩的不足，此举调动了他们的学习积极性，增强了他们的学习自信心，使他们能与文化课成绩优秀的学生"平起平坐"，促进他们全面发展，养成健全的人格。

七是促进了社会和家长对学校工作的支持。实行新的学生综合评价办法后，吸收社会人士和部分家长参加学生评价工作，有利于家长对学生在校的各方面情况有一个全面、清楚、透彻的了解，有利于家长支持学校对学生开展全面的教育和培养。

八是丰富了校园的文化生活。学生综合素质评价方式转变后，有效减少了

学生只注重文化课学习而忽视其他方面发展的不良现象。绝大多数学生能从思想品德、遵纪守法、热爱劳动、关心集体、关爱他人方面锻炼自己,使自己更好地全面发展。学校因势利导,成立了各种课外兴趣小组,培养学生多方面的技能。近年来,在学校各种形式的文艺活动和每年举办一次的体育节、艺术节中,同学们都踊跃参加,并获得了优良的成绩,改变了以往搞活动办节只是少数同学包揽的"舞台秀"状况。

二、建立人本化、过程性学生学业考核评价体系

(一)国家课程人本化、过程性的学生学科成绩考核评价体系

新课改强调改变课程过于注重知识传授倾向,强调形成积极主动的学习态度,使学生获得基本知识、基本技能过程的同时,成为学会学习和形成正确价值观的过程,为学生的终生发展奠定基础。因此,对学生的评价不仅要关注学生的学业成绩,更重要的是要注重学生发展和发现学生的多方面潜能,关注学生的成长与进步,关注学生掌握知识技能的过程与方法以及与之相伴随的情感、态度价值观的形成,促进学生的全面发展。

1. 学生课堂发展性星级评价指标,引导学生个人重视课堂过程性学习

提高教学成绩的主渠道是课堂,如何提高学生课堂的积极性是我们应十分关注的,因此要制定学生课堂学习评价标准,引导学生重视过程性学习。

在对学生课堂过程评价中应遵循以下几个原则:发展性原则、全面性原则、平等性原则、可操作性原则和评价主体多元化的原则等。

发展性原则。评价的目的在于促进发展,教学过程中教师要关注每一个学生的健康成长,注重每一个学生的个性特点,使每一个学生都学有所得,得有所长,突出评价的激励与调控功能,激发学生内在的发展动力,使其不断进步。

全面性原则。培养正确情感态度、评价观,突出了课程评价的主体性、综合性和形成性,并贯穿于学生学习生活的方方面面,充分体现了评价内容的全面性。

平等性原则。承认学生差异,尊重学生差异,善待学生差异,从而鼓励学生增强自信心,培养主动参与、积极探究的意识,促进其全面发展。

可操作性原则。评价量化和质性评价相结合。

评价主体多元化的原则。它包括学生的自我评价、学生间的互评、师生间的合作评价及家长的评价等。自我评价,是最重要的一种评价形式,也叫"自我反思",随时对自己的学习状况进行评价,促进学生的自我教育。学生间的互评,能引起学生强烈的兴趣,通过相互评价,发现自己的长处和别人的优点,调动学习

的积极性。师生间的合作评价，能一起找出存在的问题，从而解决问题。教师在对学生进行评价时，既要有客观性，又要带有鼓励性，使学生在学习过程中始终充满信心，哪怕暂时的退步，也要把它作为进步的起点，给学生带来不断上进的勇气。

2.《学案应用与"自主—合作—探究"课堂学习小组评价考核方案》，加强课堂学习小组建设

为加强课堂教学的实效性和学案应用、小组合作的有效性，加强学生学习的过程性评价，对学生的评价从甄别式的评价转向发展性的评价，注重学生学习的过程、方法，以及相应的情感态度和价值观等非智力因素方面的发展，我们制订了《学案应用与"自主—合作—探究"课堂学习小组评价考核方案》。

评价考核的原则有以下几个：过程与结果兼顾的原则，能力与情感并重的原则，个体与整体兼容的原则，量化与质性相结合的原则等。

过程与结果兼顾的原则。评价重过程，重应用，重学生主体的参与度，即学生在小组活动中参与交流、对话的程度，看学生是否发挥了主体作用。评价中不完全以活动成果为重点，应挖掘活动环节中内含的因素作为个性教育素材去启发和引导学生。评价时要注意过程评价和结果评价相结合。

能力与情感并重的原则。既要关注知识的掌握和能力的发展，更要促进其兴趣、爱好、意志等个性情感品质的形成和发展。要对学生的学习态度、探究与实践能力、合作、交流与分享等一个或几个方面进行描述，判断学生的学习状态，真正体现评价的导向性。

个体与整体兼容的原则。既要注重对小组群体的评价，更要注重小组总体成绩作为评价，形成一种"组内成员合作，组间成员竞争"的格局，把整个评价的重心由鼓励个人竞争达标转向大家合作达标，让大多数学生都受到教师或同伴的鼓励，感受到成功的喜悦，从而取得不同程度的进步，并由此一步步迈向成功。以小组集体成绩为评价依据来评价学生，有利于培养学生的合作意识。

量化与质性相结合的原则。量化评价关注结果，强调精确度、信度、效度，对学生下一阶段的学习具有重要的指导意义。同时要注意改变以量化评价结果对学生进行分类的做法，要结合质性评价对结果做出分析、说明和建议，形成激励性的改进意见或建议，促使各小组发展。

(二) 地方、学校课程人本化过程性学生学科成绩考核评价体系

由于地方课程和学校课程是一种新的课程领域，是基于学生的直接体验，密切联系学生自身生活和社会生活，体现对知识的综合运用的课程，所以它的基本学习方式是探究学习。与其他课程相比，地方课程和学校课程具有综合性、实践

性、开放性、生成性和自主性等基本特征。

学校对学生研修地方课程和学校课程情况的评价,更多地采用作业或成果(作品)评价、过程评价等方式,关注学生学习研究的过程和方法,关注学生的情感、态度和价值观,关注学生的成长过程、个体差异和自我反思。为了防止过于注重纸笔测验、过于偏重对知识与技能掌握的评价倾向,学校不用考试的方法,而是根据课时确定合理的学分,建立了地方课程和学校课程的考核评价制度,通过考察或研究报告、撰写小论文、作品展示、探索过程的记录等方式对学生进行考核评价体系,激励学生认真研修地方课程和学校课程。

地方、学校课程人本化过程性学生学科成绩考核评价体系,坚持"立足过程,尊重多元,注意反思,促进发展"的评价原则,注重学生在综合实践活动过程中的实际体验和发展程度,通过评价,促进学生发展。评价应注意以下三个方面:评价的整体观、评价主体的多元化、评价内容的过程性。评价的整体观,要求在评价中把课程教学和评价统整,使它们融合为一个有机整体,贯彻到活动中去进行。评价主体的多元化,即教师、学生、校外指导教师、家长都可以作为评价者,并且注重学生的自我反思性评价,以提高他们辨别是非、自我教育的能力。评价内容的过程性,即评价要重视学生活动过程的评价。评价内容应揭示学生在活动过程中的表现以及他们是如何解决问题的,重视学生在过程中获得的宝贵经验的发展价值,通过肯定其活动价值,营造体验成功的情景。

在评价方式上,我们采用了"档案袋评定"和"协商研究式评定"。

档案袋评定,其主要内容包括活动记录、评价资料、活动档案、问卷调查表,还包括教师或家长对学生活动的评语及学生积累的资料和相关的研究成果等。问卷调查表是在某一活动进行完后,教师提供调查表,学生通过填写问卷的形式对自己在活动中的所感、所做进行反思。教师也可以根据学生的反思调整活动策略,激发并维持学生对活动的兴趣。

进行档案袋评定应注重以下一些问题:① 教师要鼓励每个学生建立自己的综合实践活动档案,以使学生深入地了解和肯定自己的能力,并能与其他人分享自我探索的体会及进步的喜悦;② 教师应指导或要求学生及时保存活动过程的经历,及时总结活动过程的实际体会;③ 具体的评价方式应有汇报、成果(作品)展示、活动(或研究)报告答辩、演示、表演、竞赛、评比等。

协商研究式评定,通常采用师生间讨论和同学间讨论两种形式。通过协商讨论,可以使学生通过与他人的对话,加深对自己的认识。

师生间讨论。在一项活动结束后,教师与学生进行讨论。在讨论中,教师不仅要对学生的活动做出相应的评价,还要积极地引导学生对自己的活动做出正确的评价,同时对活动情况以及活动成果进行总结,展开交流,促使学生积极地学习好的方法,反思自己所采用的方式,共同分享自我探索的体会以及进步的喜悦。

在评价的基本内容上应注意以下三个方面:学生参与综合实践活动的态度,学生创新精神和实践能力的发展情况,学生对学习方法和研究方法的掌握情况等。

学生参与综合实践活动的态度。如是否认真参加每一次活动,是否努力完成自己承担的任务,能否主动提出活动设想、建议,在活动中是否不怕困难、是否有合作精神等。

学生创新精神和实践能力的发展情况。考查学生在活动中从发现问题、分析问题到解决问题的全过程中所显示出来的探究精神和实践操作能力等。

学生对学习方法和研究方法的掌握情况。如查阅资料,实地观察记录,调查研究,整理材料,处理数据,操作运用工具,交往与表达等方面技能、方法的掌握和运用水平等。

评价指标的制定包括两个纬度的评价:一是活动过程要素,二是活动过程中学生的态度、情感发展状况。在划分出评价的各种类别后,要根据评价的重点,赋予不同的评价项目、不同的权重系数,综合评价学生在活动过程中的发展状况。

在评价的操作上,强调过程评价和自我反思性评价,因此,评价一般分为平时活动的形成性评价和终结性的综合评价,并注重学生的自评。教师评价也应以定性描述评价为主。

平时活动的形成性评价一般在一个系列活动结束后进行,主要是自评和互评(或小组评价),侧重于自我反思性评价。

终结性的综合评价一般在一个学期结束时进行,是对学生全学期活动的表现情况及发展状况的综合评价,应结合自我评价、小组评价(或互评)、家长评价、教师评价等进行综合评价。教师评价应评语与评等相结合。

自我评价。每一个主题活动结束后,学生填写"胜利第五十九中学地方课程、学校课程、综合实践活动评价表",用描述性语言对以上内容进行一次自评。

小组评价(或互评)。每一个主题活动结束后,小组成员集体讨论,由组长执笔,用描述性评价方法针对小组成员合作情况、解决问题能力及改进方面等内容进行评价。

家长评价。根据孩子在活动中的情绪体验及能力发展和努力方向等进行评价。

教师评价。根据学生在综合实践活动过程中的行为、情绪情感、参与程度、努力程度等表现进行评价,并提出努力方向。

学校评价。每学期结束后,由教师以总结的形式写出本学期综合实践活动实施情况。由学校主管校长牵头,教务处具体落实,每学期对每个主题的综合实践活动进行一次评价。

评价中应注重过程,评价时要将关注的视角指向学生获得的结果和体验的过程,而不过分强调结果的科学性与合理性,注重学生在活动过程中的表现。在具体操作中,教师可以通过观察,采用即时评语的方式记录学生在综合实践活动过程中的行为、情绪情感、参与程度、努力程度等表现,并将其作为评价中学生的标准。

评价中应尊重多元,鼓励并尊重中学生极富个性的自我表达方式:演讲、绘画、写作、表演、制作等。在教师对活动做出评价的同时,通过讨论、协商、交流等方式引导学生进行自我评价、相互评价。

评价中应注意反思,发挥评价的指导功能,引导学生反思自己的实践活动。通过调动学生的认识和情感因素,激励学生自觉记录活动过程(特别是重要的细节)、对问题的讨论以及对成果的分享及思考,主动审视自己的利弊得失,逐步完善自己的行动,拓宽自己的视野,达到自我反思、自我改进的目的。

[附件]

胜利第五十九中学地方课程、校本课程、综合实践学生评价表

科目:_____ 年级_____ 班级_____ 姓名_____ 小组成员_____

	内 容	自我评价	小组评价	家长评价	社区评价	教师评价
课前准备	1. 带教材或其他					
	2. 准备学具					
课堂参与	3. 课堂发言					
	4. 小组讨论					
	5. 认真倾听					
	6. 课堂笔记					
资料收集	7. 收集材料					
	8. 访谈情况					
	9. 处理信息能力					

续表

内容		自我评价	小组评价	家长评价	社区评价	教师评价
问题解决过程	10. 提出问题能力					
	11. 解决问题能力					
	12. 合作交流					
	13. 动手操作					
	14. 小课题或论文					
	15. 成果表述					
	其他					
学校综合评价						
自我反思或心得体会						

说明：1. "自我评价"、"小组评价"、"家长评价"、"社区评价"、"教师评价"以"A、B、C、D"的形式，得"C"以上为及格，并得到一个学分。

2. 小课题、小论文或其他成果应附在评价表后，纸张大小要与评价表相符，并与本表订或粘连在一起。

第六章 人本化关怀体系

学校管理必须面对两大课题,即对教师的管理和对学生的管理。因此,学校管理的起点和归宿都是人,一切手段和方法必须围绕人的因素展开,这就要求管理者在认清学校工作特殊性的前提下,树立一切活动以人为中心,把人视作能动性的主体,把调动人的积极性、挖掘人的内在动力作为最高宗旨和终极目的。遵循人性,对人才资源进行合理调用和科学搭配,营造一个良好的、人人能够通过自身不懈努力实现自我价值的人际、人文环境,是学校人本管理成功与否的关键。因此,管理者在管理中必须以调动、发挥人的主观性、能动性、创造性和互补性为出发点,使管理对象在明确学校目标和自身职能的同时,自由发挥聪明才智,创造性地开展工作。

第一节 人本化教师关怀

有效的校本管理必须建立在以人为本、高度关注人的基础上。谁都无法否认,校本管理要关注教师的职业生活方式和幸福感,关注教师作为一个普通人的正常需要,而不是仅仅去给已经承受很大压力的教师提出各种要求。只有教师自身生活得快乐、幸福,他才能把这种快乐相互传递给学生。很难想象一个整日愁眉苦脸的教师会让他的学生感受到学习生活的快乐。工作学习是快乐的,他这个人才可能是快乐的。同时,他这个人是快乐的,才可能在工作学习中投入更多的热情,付出更多的努力。一个喜欢自己工作学习的人是幸福的人。如果教师能够把自己的工作学习当做终生的事业去热爱、去追求,那么这种发自内心的幸福感会给他的工作带来多少动力与热情!教师的工作学习不仅是一种职业目的,更是教师获得幸福的必需。

为此,我们在对教师进行压力感调查的基础上,梳理学校的工作,不同时期创造不同的机会,引导教师舒缓压力、放松身心、感受温暖。通过调查,我校有轻微压力感的教师占46%,有中度压力感的教师占17%,有重度压力感的教师占

8%,感觉压力不大的教师占 29%。为此,我们在身心关怀方面有如下探索。

一、创设典型活动,关注教师职业幸福感

关注教师的职业生活方式,最重要的就是要创造能融洽教师关系的关键事件。教师关系融洽,心情自然会舒畅,就会焕发青春与活力。关键事件应根据不同的环境、不同的情景去创设。如每月给教师集体过生日,即把本月出生的教师集中在一起过生日,学校领导参加;利用节假日集体外出拓展、旅游;利用教师节、国庆节、元旦等特殊节日搞一些文体活动或生活聚会;为新老教师举行拜师会;等等。

[案例一]

我为老师熬鸡汤

2007 年元旦前一周,适逢教育管理中心要进行教职工小合唱比赛,参加的教师非常认真,每天晚上都练到很晚,没有一个人有怨言。在给他们进行赛前动员时,我说:"只要大家放开去唱,唱出我们五十九中人的豪情,唱出我们五十九中人的精气神,不管取得什么成绩,学校都会杀鸡宰羊,我亲自下厨给大家炖羊肉、熬鸡汤,以谢大家。"尽管当时大家热烈鼓掌,但谁也没想到校长会亲自下厨房。

2006 年 12 月 29 日,我安排学校食堂杀了 5 只羊、20 只鸡、15 只兔子(兔子是学校自己养的,因繁殖太快,已有大小 40 多只),买了 30 斤排骨以及香菇、莲藕、菠菜、粉丝等。30 日早晨,我到厨房跟做菜的师傅说好了每道菜如何去准备,晚上我又到厨房与师傅们一起忙了两个多小时,将第二天要用的羊、鸡、兔子、排骨全部清洗炖好。31 日下午,我与师傅们具体分工,由他们负责萝卜炖兔肉、莲藕炖排骨以及其他的四道凉菜,羊肉和鸡肉由我亲自打理,然后发出通知以年级组为单位,晚上 5 时 30 分准时会餐。下午,我先去参加了一会儿大合唱决赛,因惦记着晚上的会餐,就提前回到学校食堂履行我的诺言。因为小学部放学较早,部分教师早就听说我要下厨为大家做菜,所以提前来到厨房,一是帮忙,二是在看我是不是真在做菜。当他们看到我在厨房忙着时非常兴奋,并主动加入到了准备餐具的行列当中。不到 5 时 30 分,全体教职员工就已经聚集到食堂,按照事前的安排坐好等待着开饭的兴奋时刻。

看到人已到齐,于是,我一声令下,每组出三人来到分菜桌前领菜,有的教师一边端着菜一边学着古代饭店小二的样子兴奋地喊着:"萝卜炖兔肉来——了——哎,莲藕炖排骨来——了——哎,校长亲自做的炖羊肉来——了——哎,校长亲自熬的鸡汤来了……"教师们兴奋起来,说着笑着,拿着碗盛着、品尝着、赞美着……

教师们高兴的样子和愉快的心情很快感染了我,我乘势带着几位校长给每个组的教师敬酒,并即兴给大家祝福:"蒙山高,沂水长,我为大家熬鸡汤。一碗鸡汤实在香,我给大家诉衷肠,谢大家一年来的关心和支持,更谢大家一年来的辛勤和努力。祝大家来年身体更健康,全家幸福更吉祥。祝大家团结友爱都进步,幸福生活流水长。"几句即兴的话语,迎来大家热烈的掌声。调皮的小李老师大声地喊了一句:"校长熬的鸡汤真香,希望校长明年继续熬。"我也高兴得大声喊:"好,我们一起努力!"学校合唱团的教师们乘着比赛的好兴致,自发地唱了起来,大家吃着、说着、笑着、唱着、跳着、感谢着……真是欢声笑语此起彼伏,没有了往日的疲劳和忧愁,没有了平时的紧张和烦恼,每个人脸上洋溢着幸福和欢欣……我和几位校长特地去给老教师敬酒,几位老教师一起竖起了大拇指:"校长,五十九中从来没有这么融洽过,好!"

看到教师们的高兴劲儿,听到教师们由衷的赞美声,听着教师们动情的歌声,我美在心里,一股幸福感油然而生。作为一个校长,能为自己的教师创造一个融洽和谐的环境,制造让教师开心放松的机会,增强大家的凝聚力和向心力,不正是我所追求的人本化校本管理吗?

(任光升执笔)

二、关注教师需求,架起尊重与信任桥梁

教师大多数是心智和心理都比较成熟的人,他们有知识文化,有较强的自律要求,他们精神上的需求远远大于物质上的需求,非常希望自己能受到别人的尊重,有较强的参与管理的愿望和要求。因此,学校管理必须以人为本,给予教职工更多的信任,赋予他们更多的责任,授予他们更大的自主权,尊重每一个员工的人格尊严。我们让教职工自己制定或修订各种管理办法。有关教职工的管理办法总是在充分调查、了解的基础上,由教师提出问题,找到解决的办法,在以级部为单位充分分析、讨论的基础上,交教代会讨论,并不断加以修改和完善,最后由教代会决定,走的完全是一条从教师中来、到教师中去的路线。教师参政议政,主人翁意识更加强烈,教职工自己制定的管理办法自己自觉遵守,促进了大家自律水平的提高,更提高了学校管理办法的认同度,使学校工作严而有序,高效运行。

让教师参与学校管理,一方面,可以激发其主人翁意识和工作责任感,提高自我价值感;另一方面,由于教职工参与学校管理,增加了管理的透明度与可信度,提高了教职工的自豪感、责任心和使命感。学校领导主动与教师做知心朋友;同时也让教师了解领导的内心世界,彼此沟通理解成为知音。学校领导给予教师充分的信任,不必事必躬亲,重要的是给教师创造一个温馨、宽松、和谐、舒适的工作环境。关注教师家庭生活,发现教师生活困难时,及时帮助解决,排除后顾之忧,教师就可以怀着一种快乐的心情工作和学习。而这种快乐的心情又会不自觉地传递给学生,让学生拥有幸福快乐的生活。

三、搭建平台,让教师在成长与发展中体验快乐和成功

启动名师工程,实施名师战略。学校的名师培养分四大类:一是师德十佳教师;二是优秀班主任;三是学科带头教师;四是管理服务明星。从四个方面涵盖学校的各个层面,为各个层面的人员搭建成长的阶梯。评选"最受学生欢迎的老师"、"家长最放心的老师"、"功勋教师"等等,这些名师培养战略为教师的成长设定了榜样和目标。

加大校本培训的力度,采取本校阶段性培训、外出集中培训、专家集中指导等形式,让教师在专家引领下走向成功。把校本培训与人本化管理相结合,建立具有本校自己特点的培训文化和人本化管理模式,把培训作为教师最大的福利,让教师由被动培训转为自发主动学习与培训;把校本培训与日常课堂教学改革相结合,把新课程的理念和具体的教育教学艺术根植于教师具体的课堂与日常管理之中,让教师真正做到学以致用;把校本培训与师德教育相结合,高度关注每一位教师的身心健康,把教师道德素质和心理素质的提高放在培训首位,努力通过各种形式的培训工作提高教师的师德水平和身心健康水平。特别是加强改进课堂教学效率和提高教师授课水平的学科校本培训。这种培训与一般性的提高教师理论素质培训不同,它强调的是针对不同的学科特点、不同教师的不同风格,以形成高智慧课堂教学为目标的一种学科培训。在学校已经形成浓厚的教研氛围和集体备课的基础上,进一步加强学科内部的横向配合与资源共享,强调同学科教师之间的合作,即以学科为单位,按年级部建学科备课组,分别设立备课组长和副组长,注重说课、备课、总结等各个环节的运作。

通过每位教师理念的转变,通过教师幸福感的流露,引导学生采取积极的心态,接受幸福、感受幸福、传递幸福。融生命关怀,创和谐教育,这就是我们校本管理一贯以来所遵循的。

第二节　人本化学生关怀

审视现代学校教育,由于从根本上强调教育的社会功能,关注的是人对社会的适应,重知识技能的掌握与智力开发,对人的功利性关怀远远大于人文关怀。长期以来,我们的教育过分注重知识信息高效率、大容量地传授,特别是在应试教育影响下,片面强调学科教育的工具价值,重视教学中的理智因素,使兴趣、情感、意志、性格、个性等非理智因素沦落为知识教育的附庸;学校教育并不关注知识对个人的意义,也并未有意识地引导学生去探求知识的学习与个性发展及个人幸福之间的关联,使个体的受教育过程成为单纯掌握知识体系的过程。为了追求高效率,教育过程逐渐变得程序化、技术化、规范化,严格按预定计划去完成教学任务,学生被"训练"、被"强化",在教育强大的选拔功能之下,学生类同于具有可比性的"物",降到工具价值的地位。随之而来的是教育过程中能使人与人精神相融的教学方法——熏陶、感染、启迪、诱导等已不再是主导方法,师生间的感情交流日渐减少。学生在获得知识、增强适应社会能力的同时,其人生智慧和内在精神世界却没有得到同步发展,教学过程不再成为充盈与完善人的精神生活的过程,不再成为体验人生的过程。在教学评价上,推崇量化评价,一切用分数来衡量,标准化教育成为主要方式,重视的是学习结果,却忽视了学生学习过程中的内心体验。这样的教育,在重视社会"人才"培养的同时,忽视了人的心灵完善与精神生活的完整建构,是一种迷失了教育的内在育人功能的教育,因而是不完整的教育。

中小学教育管理要实现人本化管理,关键是教育管理者要不断探索人本化管理的途径与方法。实现中小学教育管理人本化的途径主要是:以学生为本,倡导尊重教育;建立规范化、民主化的管理制度;创建多元互动、以人为本的新型教学模式;建构以人为本的指标评价体系。实现中小学教育管理人本化的方法主要是:教学与教育的结合,管理与教育的结合,教育与引导的结合;利用"两种"手段;形成一个合力;改变管理方法,实现创新管理。

树立"以生为本"的观念,包含四个递进的层次:把学生当"人"看,把学生看成发展中的人,把学生看成独立发展的人,把学生看成平等的人。素质教育的核心是以人为本,是将理性与情感有机结合的人文精神。在小学、初中阶段,以"情商"为主要内容的德育,由情入性,入脑动心,容易激起学生的情感共鸣,达到预期效果。尤其是初中学生处于心理的闭锁期,如果缺少与家长、教师的情感沟通,不增强两代人的亲和力,学校的教育教学工作就难以达到预期的效果。只有健康的情感与向善的道德相通,与人格魅力的配合,学生才有天天向上的良好愿望,才有勤勉向前的健康心态。

一、尊重、宽容的校园环境

1. 构建尊重的校园环境

群体作为社会心理的主体,具有社会促进效应、凝聚性、模仿和暗示性、人际关系、心理氛围、合作与竞争、个人在群体中的身份和地位对他的影响等作用。它对人行为的影响是以共识和情感为基础的,在这个基础上营造一个平等、尊重的组织氛围,对于主体意识较突出的学生,将具有极大的感召力。

以学生为本,倡导以人为本的教育,就是以学生为中心,以学生为根本的教育,创建一个符合时代发展需要的教育体系,使教育在本质上成为善的。人本教育模式应当符合时代发展趋向,富有活力和创造精神,这种模式注重把社会需要与人的发展紧密地结合起来,使学生获得最需要的也是最能代表社会发展的知识和能力,得到最大的发展,以满足教育关怀。

创造一个有人性的新型人才培养机制,鼓励和引导学生,使其潜能得到最大的发挥。人本教育模式强调学生主体性,相信每个学生都具有后天发展的巨大潜能,一旦开发得当,就能发展成才。它倡导学生多元智能发展,并努力保护和培育学生多种新萌发的发展需要。这种模式必将摒弃死记硬背的教学方法,反对用一张试卷来要求所有的学生。因此,人本教育不会简单地以升学率和分数作为评价教学质量的标准,而是坚持以开发学生优势潜能作为动力,把培养健康、全面发展的人作为教育目的。

创建一个师生共同得到发展的教育体系,鼓励师生互动发展,教学相长。人本教育不是教育者单向地领导学生,也不是教师简单地围绕着学生转。在这里,教育者和学生都是学校的主体,师生在教育教学过程中都获得发展。教育者尊重、爱护、培育学生,为主体的形成和发展提供最好的条件;教育者在教育活动中提升自身,确立教育者的主体精神。因此,人本教育模式强调教学是塑造教育者与受教育者主体性的最重要形式,既反对师道尊严,也反对简单的学生中心论。人本教育营造师生互动的发展机制,营造一种教学相长的教育氛围。以学生为主体,才能使教育者根据学生的发展实际,进行有成效的教育创造,并可借以表现教师特有的创新能力和主体精神;以教育者为主体,才可能按每个教师独特的认知方式和教育艺术,塑造出无数富有个性的有创造精神的人才。教育者的主体性与学生的主体性不是对立的,恰恰相反,只有使两者在教育过程中统一起来,才能真正绽放出教育的人性光芒,产生真、善、美的教育成果。可见,人本教育模式与传统教育模式相比,更加重视人的尊严,遵循人性形成的规律。更重要的是,人本教育把教师主体性与学生主体性发展在教育过程中有机地统一起来,为学校持续健康发展开拓了广阔的前景。中学教育管理人本化需要"尊重的教育",那么,"尊重的教育"与中学教育管理人本化是怎样的关系呢?

"尊重的教育"可以简单地概括为尊重教育规律,尊重教育对象的身心发展规律,尊重学生的人格、人性,尊重学生的个性发展,创造和谐的教育环境。21世纪教育的核心就是通过尊重、赏识、关爱等,把学生放在作为"人"的主体地位上。我们必须牢固树立以人为本的教育思想,倡导和实践"尊重的教育"。尊重学生的人格、人性。要让学生自我教育、自主发展,唤醒他们的主体意识,为学生个性和创造能力的发展创造宽松的环境。倡导"尊重的教育"就是要在教学中充分落实学生的主体地位,培养学生的探索精神。"尊重的教育"还要求教师要公平地对待每一位学生,因为不管他们的经济地位和社会背景如何,不管他们的学习基础如何,他们在人格上是平等的,对他们应一视同仁。"尊重的教育"还要求改变那种过分强调统一的教育观念。尊重不同层次学生的要求,对不同知识层次的学生进行不同层次的教育,也即所谓"因材施教"。倡导"尊重的教育",不是让我们放松对学生的要求,相反是让我们以引导、关心的方式培养学生的自尊心,让受教育者产生一种高度的学习自觉性和道德自律性,促进受教育者主动、全面地发展。可见,"尊重的教育"本质上体现了以学生为本,在教育管理中强调尊重学生的人格和个性。

[案例二]

学会用爱心倾听

泉水叮咚,鸟啼虫鸣,春雨潇潇,凉风习习,山谷回音,波涛怒吼,倾听自然之声,感受自然之美;乐曲悠扬,歌声婉转,倾听音乐之声,感受艺术之美;谆谆教诲,声声问候,句句关怀,倾听爱之声,感受生活之美。良好的倾听有助于人与人之间情感的沟通,良好的倾听是人与人之间相互尊重的表现。

学会倾听首先要愿意听,不仅要用耳去听,甚至要用眼、心去听,观察对方的言行,揣摩对方的心理,感受他的快乐与痛苦、渴望与焦虑。

在讲授《愚公移山》一文时,我曾提过这样一个问题:"如何评价愚公移山这一行动?"多数学生认为,愚公这样做,一方面是因为"面山而居,惩山北之塞,出入之迂也";另一方面也体现了愚公不怕困难的精神。偏偏有位同学不认可,也就是我们常说的和老师唱反调。怎么办?经验告诉我应该尊重学生的不同见解和主张,要耐心地倾听他的心声。

为了能够让这位同学敞开心扉,我特意营造了一种和谐、民主、安全的氛围。我神秘地对全班同学说:"想不想听听李小雨(化名)同学与众不同的见解?"全班的好奇心被调动起来了,我也俯下身子,做一个平等的倾听者,微笑地注视着他,捕捉他瞬息变化的眼神,关注他内心的变化,使他获得了倾诉的安全感。他似乎像得到了什么保证似的,声音洪亮地回答:"愚公太傻了,干吗要移山呢,搬家不就行了吗?"话音一落,全班哄堂大笑,李小雨同学一脸窘迫。我急忙用手势示意大家安静,仍然面带微笑地对他说:"能说说理由吗? 说不定你能帮愚公想出一个两全齐美的好办法呢!"这时切忌求全责备,应站在学生的立场、角度,设身处地地考虑对方的感受,不随意给学生贴上正确或错误的标签,不卷入教师个人的情绪,给予学生恰如其分的肯定,消除他的焦虑、无奈,使之获得一种心灵的慰藉,得到教师和同学的关注、认可。

在我的带动下,全班同学用热烈的掌声为他鼓劲,他终于勇敢地说出了自己内心的真实想法:"因为愚公'年且九十','残年余力',太行王屋二山'方七百里、高万仞',且'焉置土石','箕畚运于渤海之尾'……又因为移山的困难重重,搬家总比搬山容易得多。搬家是最佳选择。"同学们被他的一番论述深深吸引住了,有的同学还表示赞同。我不动声色地听完他的阐释之后,对其见解用重点提示法反馈给他:"李小雨同学将愚公搬山不如搬家的理由归结为——年迈力衰、山高山大、无法妥善处理土石、工具简陋等,是有一定道理的,可见他读书的同时非常善于思考,敢于质疑,这是非常可贵的。在现实生活中,迎难而上固然可贵,但有时知难而退未必见得是坏事,在某种程度上,也要学会放弃。当然,愚公不怕困难、为他人着想的精神还是值得我们学习的。"

学生是学习的主体,是课堂的主人。作为教师,对学生的见解应该学会尊重、接纳,让学生明白教师在认真地倾听,从而获得巨大的精神力量,愉快地表达自己的真实感受,积极配合教师的课堂教学工作,同时获得学习行为的内驱力,使教学效果事半功倍。

每当回首发生在课堂上的这一幕,我都会激动不已。

学会倾听,让我们用爱心关注每一位学生成长。

学会倾听,让我们成为每一位学生的良师益友。

学会倾听,让我们用爱心为每一位学生搭建走向成功的平台。

学会倾听,让每一位学生在教师的关爱中一路走好。

(付红胜执笔)

要有平等、尊重的教育环境,就要有教学与教育的结合,做到"有教育的教学"和"教学过程中的教育"。所谓"有教育的教学",是指教学永远具有教育性,这是一条规律。教书的目的在于育人,为社会主义现代化建设培养合格的人才。因此,教学自始至终应与育人结合起来,从确定教育目的、教学内容的取舍、教学事例的选择引入,都应以此为指导思想。确定教学的思想方向,坚持"德育为首",落实"德育为先"。把课程的思想教育放在首位,在教学过程中有方向、有目的、有意识地培养人,使教书与育人统一。所谓"教学过程中的教育",是指把育人寓于教书之中,把教育寓于课堂教学知识的传授中。教师在传授知识过程中进行教育的渗透,创设教学环境,达到"以情激情、以境染情"的境界。

2. 构建宽容的校园环境

我们培养的学生绝大多数是平凡的人。他们有平凡人的想象,平凡人的天真;他们有平凡人的爱好,平凡人的喜怒哀乐;他们也有平凡人的缺陷,平凡人的不足。不喜欢听到批评是人之共性,一个人如果不能修行到物我两忘、"不以物喜,不以己悲"的境界,对批评还是会在意的。对待学生,不苛刻,不横挑鼻子竖挑眼,宽容他们的缺点,原谅他们的小过错,这是我们的深刻感受。

教师应对学生学会宽容有度。教师的宽容之道,要做能容、会容、善容。能容是大本事,会容是大智慧,善容是大境界。宽容只有以"收获"为灯塔,以"引导"为航标,在"宽容"与"迁就"中把握好航向,成功的教育才能扬帆起航。

著名教育家苏霍姆林斯基有句名言:"有时候宽容引起的道德震动比惩罚更强烈。"作为教师,我们应多给学生一些尊重和宽容,善待学生的过失并加以正确引导。著名特级教师魏书生处理学生违纪是这样做的:犯小错误的,唱一首歌;犯稍大一点错误的,做一件好事;犯大错误的,写一份心理变化书。正是这种宽容的做法,使魏书生在教育中收到了"晓之以理,导之以情,促之以行"的效果。教师的责任就在于长善救失,这就要求教师要正确对待学生的缺点和错误,真诚地、正确地引导他们,帮助他们。教师要心胸开阔,豁达大度,要学会宽容学生的过失。当然,宽容学生的过失,并不是姑息迁就犯错误的学生,而是要用自己的热情和爱去解开学生的心锁,要采取和风细雨的方法督促其改正,给犯错误的学生一个认识、改正的机会,让他们在宽容下快乐成长,相信他们的明天会很美。

[案例三]

宽容的力量

自从加入人本化学校管理研究项目以来,我一直在努力探索"对学生的人本化管理"这个课题。在这期间发生了一些让我印象深刻的事情,让我不断思索总结和提高着。

记得送走一届毕业班的时候,领导找我谈话,说是一位初三的女老师因为要生小宝宝,不能继续教课了,让我接手她的两个班。其中(三)班的学生整体都特别不喜欢英语,对我这个新来的老师抵触情绪特别大,在这个班上课,我的心理压力也特别大。俗话说"亲其师,信其道",学生和我的关系这么紧张,要想帮他们快速地提高英语,在中考中考取理想的高中,难度非常大。面临这样的困境,我一方面多找学生谈心,沟通;另一方面和同课题组的老师沟通,也自己上网查找相关资料。

一天,当我把单元测试卷发下来的时候,于超同学一只手高高地举了起来,也不喊老师,很不高兴地说:"你给我批错了,我这道题是对的!"面对那对白眼,在全班同学的注视下,我坦然地向他慢慢走了过去,仔细看了那道题,然后平静地对他说:"这道题没批错,确实是你做错了。"然后,我又仔细地给他讲了为什么选A是正确的,而他选的C是错误的。这位学生不自然地"嗯"了一声,不知所措。开始有同学嘲笑起他来,也开始有人为我打抱不平:"怎么对老师那么没礼貌!"我站回讲台,大声对其他同学说:"这道题我确实没批错,但老师批全班同学的卷子,花了好几个小时,难免会出现批错的现象。你们应该向于超同学学习,抓紧检查一下老师有没有给你批错,批错了咱们可以改嘛!"其他同学一听,觉得老师讲得很有道理,再也顾不上嬉笑,都赶紧看起自己的试卷,希望找出老师批错的地方来。不会有很多批错的,但是一个没错确实也不可能,陆陆续续有两三个同学上来询问是否某个地方给他(她)批错了。……看着他们仔细看试卷的认真样,我偷偷地笑了。我没有激动地对于超大喊大叫,而是用另外一种方式回击了于超的指责,维护了自己作为一名老师的尊严,同时又让学生们逐渐养成了仔细检查试卷的好习惯。

随着时间一天一天过去,我和(三)班学生的关系越来越融洽了,他们的英语学习也有了很大的进步。有一次上课,我和学生处理前一天布置的课本上的练习题,叫到于超时,他说:"我没做。"我挺不高兴地责备道:"都什么时候了,怎么连老师布置的作业都不完成呢!"然后就让别的同学起来回答。他一声也没吭,坐下在那里默默听讲。

下课后,他找到我,跟我解释:"老师,我不是没完成你布置的作业,作业我认真做了,就是这一道小题不会,结果你就叫我回答这道题。"

"啊!"我充满歉意地说道,"我没了解清楚情况,错怪你了。我没说清楚。"

他淡淡地一笑:"我也没生您的气,来给您解释,是怕您生我的气,对我失望。"

"不会!"我高兴地说。想起刚认识他时,他对我的抵触和不耐烦,还是我以前认识的那个于超吗?"难怪古人能造出'无巧不成书'这个词呢,还真让咱们两个给碰上了,以后做题再碰到不会的,给我打电话吧。"我的心被一股说不出的暖暖的东西包围着,幸福了好久。

我用宽容换来了学生对我真正的尊敬和信赖。

面对某些小不点,有的时候,我们的适当宽容可以换来他们对老师发自内心的感激和对自己的自律,这有助孩子成长。

宽容能产生强大的凝聚力和感染力;宽容是一种豁达和挚爱,它如一泓清泉可化干戈为玉帛;宽容是一种深厚的涵养,是一种善待生活、善待他人的境界;宽容也蕴藏着一种殷切的期望和潜在的教育动力。

(高慧执笔)

能容学生之短处——宽容之道的大本事。金无足赤,人无完人。人有其长,必有其短。在同一个班级中,教师对待学生,特别是对"问题学生",应当多接纳、多尊重、多宽容、多激励、不计较。

会容学生之过错——宽容之道的大智慧。古语云:"水至清则无鱼,人至察则无徒。"说的是在与人相处的时候不要用放大镜看人的缺点,如果过分地追求完美,不断指责学生的过错,放大错误,就会失去教育学生的先机,就会失去与学生做朋友、伙伴的机会。宽恕学生的一些过失,对于教师来说其实并不很难,就事论事,不放大错误,巧妙地化解才是我们的根本目标。在教育教学过程中,有些学生表现并不是很理想,我们更多地应该看他们的本质,如果教师宽宏大量,我们相信所有的学生都是能够教育好的。

宽容有度——宽容之道的大境界。善容而绝非纵容。宽容主要体现为对学生由于认识或知识浅薄而发生的错误行为从心底里的谅解,这种谅解具有一定的感化作用,有利于学生自省和接受教育。而纵容则是对学生的行为不作深入了解,只持姑息、应付态度,甚至听其自然。班主任的宽容,并非姑息纵容,亦非无原则地迁就或放任,做到该宽则宽,该严则严,宽中有严,严中有宽。宽容不是对学生的过错无原则地袒护,而是对学生自我认识错误、自我改正错误的期待,以自己博大的胸怀去激励学生自己改正错误。

在实际教育中,宽容与迁就、纵容的界限常被我们混淆。有的班主任从思想上认为宽容就是容纳学生反复犯错,对学生不经意间流露出的一些坏习惯的苗头缺乏洞察性,缺少正确的教育和引导,反而认为这些小节对孩子来说没什么大不了。特别是现今的学生,大多是独生子女,比较任性,一味顺着他,学生就会由着自己的性子,在错误的道路上越走越远,与教育者的初衷背道而驰。

宽容也是一种爱,学会宽容,就是学会了去爱。宽容学生的错误是理解学生、爱学生的表现。将心比心,学会宽容。每一份善良的意念、善意的帮助,都会博得感激之心、敬重之情。因为宽容,教师给了学生足够的理解和尊重,给了学生一个改过的机会与过程,也赢得学生的感激之心和敬重之情。宽容能驱走怨恨,宽容能带来亲情,宽容能创造轻松、和谐、融洽的氛围。宽容是一种无声的教育,它的教育力量常常超出我们的想象。

二、"人本化"的情感教育

情感教育是针对教育中"唯理智教育"倾向,漠视学生情感发展这一弊端提出的。教育要培养学生的完美人格,就应包括塑造学生的理性与非理性两方面完整的精神世界。情感作为人的发展的非理性因素之一,应成为现代教育目标中的一个重要组成部分,使之从教育的手段上升为教育的目的。在教育过程中,要关注学生的态度、情绪、情感及信念,培养学生的社会性情感品质,发展自我调控能力,并促使学生对生活产生积极的情感体验,拥有健康高尚的情感生活,最终形成健全的个性。

纵观国内外情感教育的理论与实践,从罗杰斯提倡师生真诚积极的情感交流,到苏霍姆林斯基的情感动力思想,再到我国的"和谐教育"等情感教育实践,无不体现出以人为本,关注学生的精神生活,把学生作为完整意义上的人来对待的人本教育思想。在我国《基础教育课程改革纲要(试行)》中,也把课程改革的核心目标定位于改变课程过于注重知识传授的倾向,强调形成积极主动的学习态度,使获得基础知识与基本技能的过程同时成为学会学习和形成正确价值观的过程,引导学生学会学习、学会合作、学会生存、学会做人,关注学生的全面发展,实施素质教育,培养学生的健全人格、创新精神和实践能力,乃至终身学习的愿望和能力。

实施情感教育,意味着人是教育的出发点,要把人的价值视为最高价值,把建构和完善人的主体性视为教育的最高目的,坚持完整的教育观,塑造完整的教育,实现教育的发现人的价值、发挥人的潜能、发展人的个性的基本功能。实施情感教育,就要把学生当做完整的、具有智慧力量与人格力量并全身心体验着教育生活的人来看待,关注学生对生命意义的追寻,帮助学生理解关于美好人生、幸福生活、理想生命境界等问题,帮助学生增强自我价值感及追求成功的倾向,关注学生的道德生活与人格养成,培养学生的社会责任感、探究精神、创新意识以及对生命的感悟与热爱,使其有积极健康的生活态度。为此,学校教育要建构一个尽可能真切的、完整的生活世界,使学校生活成为一种充满生命气息的、有理趣和情愫的生活,而不是一种由符号、文字堆砌出来的生活。这意味着要建构民主、平等、和谐、人道的师生关系,师生间应是彼此心灵、精神的相遇与相通,人格平等,内心敞亮,能够进行平等的对话,交流彼此的情感、观念与理念。教育的核心是人,不是分数、证书和考试。教育的本质不仅是知识的传递,更是思想的传承以及积极人生态度、情感的体验和价值观的形成。

[案例四]

PowerPoint 2000 制作和演示
——信息技术课回归生命教育

一、背景描述

我讲授的是七年级 PowerPoint 2000。本节课是信息技术综合应用的一堂课。在这之前,学生已有一定的计算机操作基础,并能够利用 PowerPoint 2000 制作和放映图文并茂的演示文稿作品。

为了激发学生学习兴趣,在上本节课前,我特意向学生透露了本节课教学的内容,让同学们思考制作一个完美的相册,主要用到哪些内容。学生提出:近期学校进行的"庆祖国60华诞,革命圣地绘画展览"比赛,每个同学都画了不少革命圣地的绘画作品,可以将这些作品制作成幻灯片。还有同学说,可以拿来自己自出生以来的相片,制作个人写真集,秀出自己,展示自己的成长历程……说到这里,同学们都兴奋起来,纷纷发表自己的意见,课堂一下子活跃起来。

我在听取了学生意见的基础上,把全班同学分成了14个学习小组,每小组4人,布置了以下作业:① 每一小组合作共同完成相册的制作;② 为自己的相册取一个亮丽的名称;③ 利用数码相机拍摄一些图片,或是收集一些照片。

二、案例描述

在信息技术课堂上。

当本堂课的上课铃声响起时,大部分同学纷纷带着自己"成果"来到微机室,大家把这些素材输入电脑,然后整理这些素材。

首先我引导学生在 PowerPoint 中找到相册制作的对话框,给学生简单介绍新建相册对话框上的内容,然后让学生自行设计自己的相册。

在小组中,由一位同学负责设计相册的版面和格式,再将其他同学输入电脑中的文章和图片纷纷插入其中,忙完了自己手头上事的同学也到"版面设计师"旁边开始指手画脚起来,"你用这个菱形的边框,这个好看","这一行字要字变大一点,这样醒目"……

这样的声音不绝于耳,场面很是热烈。

我这时也成了一个配角,只能为在电脑操作上还有困难的小组帮一点忙,学生成了课堂的真正的主人。

下课了,每个小组都完成了自己的相册。通过评比,选出了几幅优秀的作品,集中展示了一下,同学们对作品的优缺点进行了点评,并打算课后取长补短,完善自己的作品,反响不错。

三、教学反思

(1) 教师的课堂教学要使知识生命化、人性化,不只是硬邦邦的理性知识,要引导学生感知知识的生成过程,把静态的书本知识与学生的生活经验、日常见闻结合起来,形成动态鲜活的知识生成源泉。首先,让学生领悟知识的发现、探索、形成和发展的真谛;其次,要使知识实践化;再次,将课堂社会化,把课堂教学与家庭、社会链接起来,教会学生如何为人处世,与人合作,融入社会,顺应时代,把小课堂与大社会融为一体,凸显人本性。

(2) 采用小组学习的教学组织方式呈现课堂的生命性。针对信息的搜集整理加工,小组之间进行竞争、讨论。小组内部有不同的分工,使每个成员都有一个搜集的主要关注点,同时小组成员又进行合作,通过组内的讨论,将各自的观点整合在一起进行发布。每个学生在这样的合作中都能获得反馈信息,使其对问题和自身策略的运用都能有一个深刻的认识,使他们的思维更有批判性和创造性。而责任的共担与成功的共享又有利于学生良好品格的形成。

传统的教学观只重视认知的、理性的、逻辑的教学活动,以学生获得科学知识和技能等作为主要教学目的,却忽视了学生的心智发展、情感陶冶等有重要影响的其他课程资源。这就要求我们的教学要结合信息技术来营造动态的适应性学习环境,积极引导学习者进行有效的学习,比如小组协作、情感的沟通等。

(3)信息技术环境下的教学中要重视人性关怀、个体交流、情感交流、艺术创造,以人的价值实现、情感体验的满足、创造力的激发为宗旨,重视人文知识、审美价值和道德价值的培养。同时不能仅停留在利用先进的技术来促进学习上,应该不断朝着重视学科知识与个人知识内在整合的方向努力,将信息时代富有生命力的知识以学生喜闻乐见的形式反映在校本课程体系之中,最终实现学生的个性发展、创造性思维以及终身学习能力的培养。

发挥信息技术创设真实问题情境的优势,回归生命的教育,回归生活世界的教育,注重社会生活,关照学生的经验和个性差异,保证每位学生全面、均衡、和谐发展,实现寓教于科技、寓教于文娱、寓教于实践、寓教于社会和家庭。

运用信息技术有利于满足教学的个性化和多样性等方面的要求。按"生命观"的观点,每个学生是作为独一无二的生命个体参与到教学过程中的,这就要求我们关注学生的个体差异(不仅是认知的)和为每个学生提供主动积极活动的保证。另外,生命活动的多面性和师生共同活动中多种组合和发展方式的可能性,对课堂中多向、多种类型信息交流的产生和及时反馈也提出了要求。课堂教学具有动态生成的特征。

(李爱云执笔)

实施情感教育,意味着将情感教育作为一种教育理念渗透于素质教育中,关注学生完美人格的塑造、人文修养的提高、文化品位和审美能力的提升,实现全面、和谐、可持续发展。情感在教育目标中不再是知识教育的手段,而是教育目标中具有独立地位的一个组成部分。情感不仅指学习兴趣、学习动机、学习热情,更是指内心世界的丰富多彩。因此,进行情感教育,应将情感、态度和价值观教育有机渗透到教学内容中,并贯穿于整个教育教学过程中,帮助学生去发现所学知识的个人意义和社会价值;应教育学生不仅用理性的方式去发现真理、追求真理,同时也要用非理性方式去发现和体验善与美,使其理性精神力量与非理性精神力量均衡发展,从而使教育过程成为学生丰富人生体验、获得高尚情感和审美趣味的过程。在情感教育中,教师应成为学生学习活动的组织者、促进者、激发者、辅导者,成为学生能力和个性的培养者,要为学生提供发挥主体性的天地,使学生成为学习的行动者。启发、引导、熏陶、建构将成为重要的教育和教学方法。要设计使学生成为学习活动主体的应答性学习环境,即能够让学生主动参与,尊重学生个性的参与型环境,并使教学尽量"回归生活"、"贴近生活"。教师要在设定的现实情境中,汲取学生的切身生活体验,与学生直接展开对话,使学生获得富于真情实感的、有活力的知识。在教学中要给学生以理智上的挑战,激发其强烈的学习兴趣,并鼓励学生独立思考问题、诘问知识,自主建构知识;要重视学生探索并获得新知识的经历和体验,支持学生对知识的自我解读、自我理解,尊重、赞赏学生的个人感受和独特见解。

三、学校与家庭"人本化"教育合力

学生的发展和教育单靠学校的力量和学生在校的时间是不够的,学校要通过召开家长委员会会议、家长会以及家访等形式,请进来、走出去,与学生家长经常沟通,让家长及时了解学生的思想与学习表现,帮助家长做好学生的工作。

通过宣传和咨询手段,激发家长关心教育、支持教育的热情。调动家长参与教育的积极性、主动性,同样必须由学校主动地去做好宣传和咨询工作,要让家长懂得参与合作的意义,更多地了解和关注学校教育,形成积极参与教育的社会风气。

通过开办家长学校、举行系列讲座的形式,传授家庭教育知识,以提高家长的教育素养。讲座的内容涉及面广泛,如关于家庭教育的意义,如何对孩子进行品德教育、审美教育、保健教育等,可以结合学校的工作计划开展,也可以结合家长的实际需要,采取家长教育子女的经验交流会形式,给家长提供相互学习的机会。我校近几年聘请了多位家庭教育专家开展讲座,在提升家长的家庭教育水平等方面起到了很好的作用。通过家长会的形式,向家长宣传各种科学的学习方法及要求,家长互相介绍教育子女的成功经验,对学校教育和教学工作提出意见、建议等,让家长多了解校情,掌握科学的教育方法。

真正的教育是以人为本的教育,是和谐的教育,是让人体验美好、体验崇高、体验快乐、体验成功的教育,是培养积极的人生态度、鲜明的价值判断、丰富思想体系的教育,是突出人的发展和关注人的自由、幸福、尊严的教育。良好的人际关系是和谐的血脉,以人为本是构建和谐校园的核心与关键。和谐可以凝聚人心,和谐可以团结力量,和谐可以发展事业。

"人本化"教育离不开社会群体的影响。人是社会的人,人的成长和发展离不开社会群体的影响。社会群体包括教师、父母、长辈、兄弟姐妹、亲朋好友……

其中，父母对学生的人格形成起着重要的作用。家长整洁端庄的仪表，温文尔雅的谈吐，文静高雅的气质，是孩子形象的楷模；家长豁达潇洒的心态，宽广博大的胸襟，虚怀若谷的态度，是孩子风范的典范；家长真诚坦率、光明磊落、宽容礼让的人品，是孩子为人的表率；家长认真负责、爱岗敬业、奉献社会的敬业精神，是孩子从业的榜样；家长善解人意、与人为善、仁慈博爱的气度，是孩子处世的榜样。家长对孩子起着潜移默化、熏陶熔炼的作用。

第七章 人本化"学案式教学"的生成

第一节 "学案式教学"课堂教学的背景

一、"学案式教学"探源

我们知道,传统教学理念倡导下的教学,教师习惯关注的是如何"教",很少研究学生如何"学"。因此,这种以"教"为中心的传统教学,往往给教师带来这样的困惑:为什么这么一个简单的问题,教师讲了多遍,还有那么多同学不明白?为什么许多问题,教师讲的时候一听就会,学生独立作业时却一做就错?为什么同类型的题目讲了好几道,稍一变换样式就不会了?为什么学生的学习过程,缺少同伴互助的声音?……

无数个为什么,清晰折射出教师在传统教学过程中的尴尬境地。传统的以"教"为中心的教学是在"教师讲学生听"的理念支配下进行的,教学是以教师为中心,是"一言堂",学生围着教师转,学生处于被动接受知识的地位。在这种环境下,学生养成了对教师的依赖,习惯于被动接受,学生不敢也不想向教师提出问题,而且害怕教师提问,结果使学生的归纳概括能力、口头表达能力、分析推理能力等在课堂教学中得不到必要的训练,学生的个性和创造性被抹杀了。这样的课堂,完全背离了"素质教育"的精神实质,脱离了"一切为了学生发展"的新课程理念。因此,必须变"以教师为中心"为"师生共同探索",使学习成为在教师的参与、指导和建议下,学生积极主动地获取知识和应用知识的过程。

素质教育实施已近 20 年,但以"教"为中心的传统教学模式一直没有太大的改进,加之中考、高考考试制度的制约和影响,实际的课堂教学是"素质教育喊得轰轰烈烈,应试教育做得扎扎实实"。

新课程标准实施以来,教师的思想观念、教学方法都有了较大改进,也都在积极探索真正能够体现新课程理念的课堂教学思路、课堂教学策略、课堂操作流程。我们清楚,要想真正实现新课程标准中"坚定不移地推进教学方式和学习方式的转变"的要求,真正走出一条"轻负担,高质量"的素质教育之路,就必须进行真正意义上的"课堂教学结构"和"课堂教学流程"的变革。没有变革,新课程理念的落实就是"水中月"、"镜中花"。因此,这种变革要颠覆传统的以"教"为中心的教学模式,建立一种真正以"学"为中心的教学模式。

为了建立一种以"学"为中心的教学方式,我们胜利第五十九中学在学习借鉴"洋思"、"东庐"教学经验的基础上,结合本校的特点,在课堂"教"和"学"的方式上大胆实施了以"学"为中心的"学案式教学"改革,摸索出了各学科适合学生"学"的课堂教学新路子,建立起了一整套关于"学案式教学"的课堂教学常规和管理办法。经过五年多的教学研究与实践,"学案式教学"改革已经形成了基本的运行体系,并取得了初步成效。

"学案式教学"是一种全新的以"学"为中心的教学方式。它通过学案引导学生根据新课程标准,在预习教材的基础上,自己明确学习目标和主要任务,并以"小组合作"的学习方式,搭建起有效的自主学习系统和交流合作系统。

在"学案式教学"中,首先由同年级同科教师通过集体备课形成具体可操作的、站在学生如何"学"的角度去设计的学习方案,学生在根据具体的学习方案提前预学的基础上,解决设定的问题并提出自己的疑问,然后通过小组合作交流的方式进行释疑,教师从中进行点拨引导。在课堂学习过程中,学生重点根据自己预学过程中的疑问进行小组交流释疑,同时根据明确的学习任务,在自主学习的基础上通过小组交流完成任务,然后通过小组展示集体梳理形成结论,找出重点,突破难点,并通过拓展应用加以巩固和拓展。整个教学过程是建立在学生自主学习基础上的合作学习方式,学案的应用为学生的自主学习和小组交流提供了具体可操作的方案,小组同学分工明确,避免了学生自学时的无所适从和小组交流时的漫无目的,对培养学生的自主学习和探究能力、提高学生自主学习的积极性和小组合作交流的积极性,无疑都是极大的促进。

教学的真正目的是让学生"会学、学会"。以"学"为中心的"学案式教学",是学生根据学案进行"自主预学"的学习;是教师根据学生的预学情况,精心组织和指导的有任务的学习;是学生根据学案设计的问题和任务,或在预学过程中对产生的疑问进行的小组活动的互助性学习;是学生将小组合作交流和自主学习的成果展示出来,与同伴共享、相互欣赏的学习。这种学习,是自发的、自动的、高效率的学习。它是从个体出发,经过与同伴合作,又返回到个体的、有经验分享的愉快学习。在这样的学习过程中,学生在尽情演绎自己的精彩,教师在全程唤醒学生自主学习的能力,这才是真正的"教是为了不教"。

在传统教学中,各学科都注重学生的巩固性作业的布置与检查,教师布置的预习性作业多数不具体，没有明确的预习任务。对于可做可不做的预习作业，许多学生选择了不做。学生完成课后作业后，很少再去关注预习性作业，教师对预习性的作业检查又较少，久而久之，学生的自主预习性学习基本上呈现空白状态。因此，多数学生仅仅停留在被动地应付常规作业的状态，自主学习的积极性得不到激发，自主学习的习惯得不到培养，那样，学习的效率就会大打折扣。"学案式教学"方式的变革，就是针对培养学生的自主学习能力和习惯而设计的。学案给学生提供了具体可操作的预习性作业和探究性任务，让学生有的放矢地去自主学习和探究，有利于学生形成良好的自主学习习惯和自主探究能力。

实施以"学"为中心的"学案式教学"方式，教师的责任就是唤醒、激励和鼓舞。在引发学生思考、引导学生交流、组织学生"小组合作"学习的活动中，教师需要的是积极发现每一个学生的思维火花，唤醒每一个学生的问题意识，激励每一个学生的积极参与，鼓舞每一个小组的真心合作。教师应该做的是积极主动地融入学生的合作交流，细心深入地观察每个学生的学习状态，仔细全面地了解每个小组的活动状况。在此基础上，及时提出具体的学习任务，组织引导交流各种各样的新发现，开展多样化的生生间、师生间的互动，以诱发学生的深层拓展性思维。"学案式教学"目的，就是让学习环节更有层次，学习活动更为丰富，让学生的学习经验更加深刻。

我们的教育对象大多是独生子女，在家人的悉心呵护下，他们自私、任性，他们冷漠、不关心他人，他们之间相互交往、相互促进的关系非常淡漠。在现实生活中，我们的学生基本不会与他人交往，更不会在交往中学会学习，因此，教会学生学会交往，并在交往中学会学习至关重要。实施以"学"为中心的"学案式教学"方式的变革，除了把"学"置于教学中心之外，还要在教室里构筑一种新型的"教师指导下的学生相互交流展开学习"的教学形态——"小组合作"的学习方式，使得学生之间"学会交往和在交往中学习"成为现实。

要做到这一点，就需要教师学会"量体裁衣"、因材施教，针对学生差异科学组建合作学习小组，构筑差异性合作互助关系。各个小组总体水平基本一致，以保证各小组开展公平竞争，明确"小组合作学习"的目标和责任分工也是非常重要的。明确的学习目标和责任分工是进行"小组合作学习"的关键要素。在"小组合作学习"过程中，各成员应有明确的合作学习目标和具体的责任分工。只有分工明确，责任到人，才能使小组成员全员参与，并明白各自应该承担的角色，掌握各自的任务，使合作学习有序又有效地进行。值得提醒的是，"小组合作学习"目标是小组成员共同确立的学习目标，是小组成员共同努力的方向。这就要求小组成员不仅要努力争取个人目标的实现，更要分工协作，帮助小组其他成员共同达到预期的合作学习目标。在小组合作的同时，教师要在巡视指导过程中，尽最大限度地了解学生的自学情况和小组交流互助情况。有的放矢地为更需要帮助的学生或小组提供指导和帮助，使最需要帮助的学生得到关注和尊重。在小组合作学习中，每个学生都要能得到尊重，每个学生都能放心地打开自己的心扉，每个学生的差异都能得到关注。

"小组合作"学习方式的建立，就是要让学生在具体任务的驱动下，在独立思考、自我学习的基础上，学会在合作与交往中学习，学会相互倾听，学会相互分享，学会共同进步。这种"小组合作"学习方式，以同伴"互助、交往"为主要形式，它能促进同龄学生之间积极主动的学习、活动、交流、探究。

有同伴交流和分享的学习，学习的效率与效果会大大提高。因此，教师在引导、唤醒、激励、鼓舞、点拨学生的过程中，更要学会倾听学生的交流。《中小学管理》主编李政涛博士曾说："教育的过程是教育者与受教育者相互倾听与应答的过程。……倾听受教育者的叙说是教师的道德责任。倾听可以增进沟通，促进理解。倾听是一种等待，在倾听中交流，在倾听中沟通，最终实现教学相长。"倾听就是在别人说话时认真听讲，并能做到边听边想，以积极的心态应对别人的发言。倾听是一种基本素养，是学生成功学习的最重要的行为。教师首先要学会倾听学生的发言，成为学生认真倾听的典范并引领学生学习倾听。教师不仅要仔细倾听学生发言的内容，而且还要用心倾听学生发言中所包含着的自己的心情、想法，善待学生的每一次表达，耐心听学生把问题说完，学生会感觉到来自教师的理解、宽容、尊重、关爱，这份情感、这份态度感染着学生，会无声地传递，学生也会从教师身上读懂倾听的态度、倾听的习惯，并潜移默化地受到影响。

我们用心打造的以"学"为中心的"学案式教学"，不是"发言热闹"的课堂，而是"用心地相互倾听的课堂"；不是学生"高高举着手"的"闹哄哄"的课堂，而是一个"有组织的小组发言和其他学生用心倾听思考"的课堂；不是"以相互无原则的争吵"为交流现象的"假讨论"的课堂，而是一个学生能够轻声细语相互交谈、轻松合作交流的课堂；不是由几个人的发言控制的课堂，而是一个同伴间相互帮助，人人都有发言机会的课堂。我们在教室里构建的"在交往中共同成长"的"小组合作"的学习方式，不能局限于课堂上，而是要贯穿在"学案式教学"的课前预学交流、课后拓展探究的整个教学流程中。

当代著名教育家魏书生老师的成功，最重要的一点就是培养学生的自主学习能力和学习习惯。多年来之所以有无数个魏书生追随者只能望魏书生之项背，除了缺乏足够的毅力和顽强的意志以外，更重要的则是没有找到一个更好的培养学生自主学习能力和学习习惯的教学方式。以"学"为中心的"学案式教学"就是这样一种能够培养学生自主学习习惯和能力的教学方式，其具体的各学科的学案设计与教学策略、课堂教学流程和具体的课堂教学实录，将在书中进行详细的阐述。

二、实施"学案式教学"的背景

1. 理论背景

苏联教育家乌申斯基曾经指出:"好习惯是人在神经系统中存放的资本,这个资本会不断地增长,一个人可以毕生享用它的利息。而坏习惯是道德上无法偿还的债务,这种债务能以不断增长的利息折磨人,使他最好的创举失败,并把他引到道德破产的地步。"

心理学家埃里克森认为:7~12岁孩子的心理社会危机是基本的勤奋感对基本的自卑感。特别重要的人物是家长、教师、同学和邻居。当孩子刚刚迈入小学校门时,他们几乎都是勤奋的,为了不落后于同伴,他必须勤奋学习。但从三年级开始,孩子的学习成绩导致了对勤奋的不同感觉,如果他的学习得到了同伴、教师和家长的认可,他就认为勤奋对于他来说是有用的,由此养成勤奋的习惯,从勤奋中寻找成功的机会。反之,如果孩子的学习得不到同伴、家长,特别是教师的认可,有些孩子就会对勤奋产生质疑,认为勤奋对于自己是没有用的。这样,孩子就会形成自卑感,并放弃了对勤奋的追求。埃里克森还认为,12岁到18岁学生的心理社会危机是自我同一感对同一感分散或角色混乱,特别重要的人物是同伴群体以及教师、榜样。在这个阶段之前,孩子大多对自己有着积极的评价,对自己的能力和未来充满信心。在这个阶段,孩子的发展如果能够与他以前形成的自我认识一致,他就形成了自我同一感。如果孩子的发展特别是成年人对他的评价表明,他的发展与他以前形成的自我认识是不一致的,他就不知道自己到底在什么位置,能干什么,形成同一感分散或角色混乱。

以美国心理学家马斯洛、罗杰斯等人为代表的人本主义心理学家认为,每个人都有发展自己潜力的能力和动力,因此,他们特别关注人的自我实现。他们主张学习即"成为",成为一个完善的人,是唯一真正的学习。

基于以上观点,我们应该清醒地认识到:我们的教育教学首先应该培养学生良好的道德行为习惯和学习习惯,特别是课堂教学要致力于培养学生良好的学习习惯——尤其是培养学生良好的自主学习、自主探究习惯与合作交往中学习的习惯,它将使每个孩子受益终生。从三年级开始,在学生由道德他律阶段到道德自律阶段过渡的时期,培养学生良好的自主探究习惯和合作学习习惯,并通过引导、评价、点拨,不断强化学生对自己的积极评价,形成对自己的积极认识,提高学生自我实现的能力和动力,这对于学生的自我成长至关重要。反思传统教学,我们也不难发现,之所以有的孩子学习好,有的孩子学习不好,除了极个别的是智力水平有差距以外,对于大多数智力水平相当的学生来说,学习上的差距主要是学习习惯等非智力因素的差距和自我认知、自我实现能力的差距。而要真正培养学生良好的学习习惯,就必须从改变我们的思想观念、教学行为以及具体的课堂操作方式开始,就必须真正深刻领会新课程标准对我们的具体要求。

2. 现实背景

《基础教育课程改革纲要(试行)》明确指出:"教师在教学过程中应与学生积极互动、共同发展,要处理好传授知识与培养能力的关系,注重培养学生的独立性和自主性,引导学生质疑、调查、探究,在实践中学习,促进学生在教师指导下主动地、富有个性地学习。"这与传统的"灌输式"课堂教学模式有了鲜明的区别。传统的课堂教学模式是站在教师"如何教"的角度去设计、去思考,忽视的是学生"如何学",其弊端是非常鲜明的。

从教学目标分析其弊端:① 教学目标的单一性——认知目标独尊而人格目标、情感目标缺失,知识目标凸现而学力目标缺失;② 教学目标的划一性——对存在差异的教学对象实施同一教学目标,漠视学生的个体需求;③ 教学目标的规约性——严格限定课堂教学目标,钳制了课堂教学丰富的动态生成性。

从教学活动分析其弊端:① 课堂教学是脱离学生生活世界的、单调乏味的理性活动,缺失应有的生活意义和生命价值,缺失应有的人文关怀;② 崇尚"教师讲得清清楚楚,学生听得明明白白"的教学境界,使学生缺失应有的学习过程——存疑、选择、批判、探索、想象、创造;③ 学生课堂自主活动整体缺失——学习内容的强制性、认知活动的受动性、思维过程的依赖性、课堂交往的单向性;④ 学生学习方式基本为接受学习,普遍缺失体验性学习和研究性学习方式;⑤ 教学活动缺失支持创新学习的心理卫生环境——宽松、愉悦、民主、和谐及高评价、高激励。

在这种传统教学中,我们只看到功利的浮躁而看不到精神的升华,只看到知识的积淀而看不到对探索的渴望,只看到记忆与理解而看不到质疑与批判,只看到按成人对世界的理解被强行塑造而看不到创新潜质火花受精心呵护,只看到"学会"的成果而看不到"会学"的收获、"乐学"的体验。在这种状态下,课堂教学呈现一种高消耗、低效率状态,严重阻碍了学生全面健康的成长。

《基础教育课程改革纲要(试行)》还明确提出:"改变课程实施过于强调接受学习、死记硬背、机械训练的现状,倡导学生主动参与、乐于探究、勤于动手,培养学生搜集和处理信息的能力、获取新知识的能力、分析和解决问题的能力以及交流与合作的能力。"从这一点可以看出,新课程改革已经把"改变学生的学习方式"摆在了突出的位置,课堂教学强调学生是学习的主体,教学过程是师生互动的过程,倡导学生主动参与、乐于探究、勤于动手,培养学生搜集、处理、获取、分析、解决、交流、合作等方方面面的能力。这符合学生成长的规律,符合社会需要的建设人才的素质。

[案例一]

  2006年寒假后,七年级教师一起开会集体反思一学期来的教学情况,邀请我参加。七年级教师是一个优秀的教师群体,他们敬业精神强,干劲足,抓得紧,但上学期期末考试后大家都有一种感觉,学生的成绩不如教师们想象中的好。于是有的教师说:"我已经很卖力了,该布置的题目我都布置了,并都进行了全批全改,感觉学生学得还可以,但考试成绩却不理想,真是怪了!"有的教师说:"有的题目我已讲过多遍,本来以为学生考试时这些题目不会有问题,没想到恰恰就是这些题目错得更多,真是气人!"有的教师说:"我在课堂上也让学生讨论,但学生就是讨论不到点子上,胡拉乱扯,纯粹是耽误时间!"有的教师说:"学生平时的作业看看都对,错的很少,但一考试就不行了,看样子学生平时作业都是照着抄的,弄虚作假,所以考试成绩不好!"还有的教师说:"平时讲课时,看着学生反应还可以,都挺聪明的,怎么就是考试时拿不出我们想象的成绩呢!"……

  大家从各个角度反思,但都是站在传统教学理念下的一连串的不解和困惑,对于如何破解这一难题却没有讨论出更好的办法。于是,我提出了三个问题供大家思考:① 学生成绩不理想的根本原因是什么?是老师讲得不明白还是学生学得不明白?我们教学的目的又是什么?② 教师尽心尽力地教了,学生尽心尽力地学了吗?为什么?③ 我们进行过学习方法的指导和学习习惯的培养吗?通过以上三个问题的讨论,大家一致认为,之所以学生成绩不理想,是因为我们平时只注重使劲儿"教",却忽视了引导学生怎么"学";我们都在努力琢磨如何更好地"教"学生学习,却忽视了对学生学习方法和学习习惯的培养;我们要求每个学生按教师的做,认真听讲,认真完成作业,只注重了一些表面的东西,而忽视了学生学习主动性的激发,实际上是学生在被动地听讲、被动地完成作业,学生的学习积极性没有被激发出来。我们都站在怎样"教"的角度去思考教育教学,没有认真地从学生"学"的角度去思考教学。这应该就是我们教师如此困惑的真正原因。

(任光升执笔)

[案例二]

  小李老师是一位讲课非常有激情的老师,他的课声情并茂,学生非常喜欢，他对自己驾驭课堂的能力，也非常自信，每次讲课比赛都会取得较高的奖项，但每次考试后，学生取得的成绩往往不是他自己想象的成绩。他感到压力很大，也很迷茫，认为自己的努力与付出和应该得到的回报不相适应，成绩出来后往往对学生发火，有时甚至发牢骚。为了摸清学生成绩不好的原因，我让他做了一个学生调查。学生反映：李老师的课讲得很好，当时听着很高兴，但听过就忘了，有好多东西并没有记住；李老师课上讲的内容考试没有考到，所以成绩不好；有时因为其他作业多，李老师布置的预习作业就不做了……从学生反映的情况看，不是老师课讲得不好，而是学生不会学，说明老师的讲课方式有问题；不是老师讲不到，而是学生不会举一反三，不会应用；不是老师的作业没布置，而是作业布置得不具体，学生不去做……为什么呢？李老师立即有所顿悟。

（任光升执笔）

[案例三]　某位老师的课讲完了，就问学生："听懂了吗？""听懂了！"同学们齐声回答。"还有谁不懂？请举手。"全班静悄悄的，一位学生的手稍稍伸了一下很快就缩回去了。细心的老师还是发现了他，就温和地对他说："你哪里不懂？讲出来。"这位学生怯怯地站起来叙述着，老师一边鼓励学生大声点儿，一边走过去俯下身听，很耐心地又讲了一遍，然后对这位学生说："请坐，今后上课要用心听讲。"

下课后，我把老师和这位学生请进了办公室。学生小声说："校长，我以后上课一定要用心听讲。"我对他说："孩子，今天请你来是要表扬你的，你敢说真话，不懂就问，这是很了不起的，今后要理直气壮地问，不懂就把手高高地举起，你说对吗？"这位学生惊奇地看着我，又看了看老师，老师点了点头，孩子高兴地飞奔而出。这位老师若有所悟地说："我还以为自己很耐心呢！现在明白了，学生好不容易敢举手说不懂的勇气，却被我'今后上课要用心听讲'吓回去了，他以后一定会加入全班'听懂了'的行列。"

（任光升执笔）

新课改以来，遵循"一切为了学生发展"的新理念，"学生为主体，教师为主导"的课堂教学思想，已经为广大教师所认同。但如何在课堂上改变学生的学习方式，找到合适的切入点，则一直困扰着广大教育管理者和一线教师。在日常教学中,教师虽然在课堂教学过程中也积极尝试着"探究学习"和"合作学习"等教学模式,但其"改变学生的学习方式"的课堂教学精神实质并未落到实处,教学方式没有发生根本的转化,整个课堂教学过程仍然以知识讲解为中心,过分注重完整知识结构体系,强调教师的主导地位和教材的权威性,教师传授、学生接受的传统教学模式仍占主流。实验活动以描述模拟为主,学生缺乏真正的动手参与,学生的主体性没有得到根本性的体现和开发。如何"改变学生的学习方式"只是形式上的牵强附会,并没有从实质上树立"以学生为本"的教学思想。也就是说,我们仍然以教师的"教"为中心,教师的主导地位占优势,而学生的主体性没有得到根本性的发挥。这种以"教"为中心的课堂教学往往走向两个极端:一个是"闹哄哄"的,另一个则是"死沉沉"的。低年级的学生以"闹哄哄"的为主,高年级的课堂则基本陷入了"死沉沉"的泥潭。在这种传统的以"教"为中心的课堂教学模式下,教师往往会有如下困惑:① 为什么这么简单的问题我讲了多遍学生还不会?② 为什么课堂上学生的反应不是我预想的效果?③ 为什么教师讲得激情洋溢、汗流浃背,而学生却始终进入不了状态?④ 为什么学生就那么不愿意动脑筋,只等着教师讲或对答案呢?⑤ 为什么我们放手让学生自学,学生就变得无所适从,不知道该干什么呢?⑥ 为什么好学生不愿意帮助后进生,而后进生也不愿意向优秀生请教呢?……

新课程标准的落实和对实施素质教育的强力出击,使得我们的常规教学必须按新课标的要求去做,必须在探究"轻负担,高质量"素质教育之路上下工夫。然而,学校管理者也存在不少的困惑与担心:一是我们要怎样提高常态课的质量,真正走出一条"轻负担,高质量"的课堂教学之路,既解放教师,又解放学生。二是在过去的常规教学中,主要的中考科目都会增加不少课时,教师会布置不少的课后作业,学生手头也有丰富的学习资料,但教师仍觉得时间不够用。现在,音体美、综合实践、校本课程等的真正落实,使得语、数、外、理、化、政等中考科目的实际教学时间与原来相比大大减少,我们能完成教学任务,保证教学质量吗?……

实施新课程以来,大家都在积极探索新的课堂教学思路,但往往是表面的东西多,形式的东西多,建立在以"教"为中心的传统的教学结构下的修正始终走不出传统教学的羁绊,因而就有了一味追求热闹的课堂和充斥着"假讨论、假提问"的表面形式的课堂……之所以陷入如此尴尬的局面,与我们当今教育教学的各个方面都有关系,但最主要的则是我们的教学观念以及课堂教学流程和教学习惯都出现了问题。

我们知道,学生不是机器,教学不是"人—物"系统,而是"人—人"系统。教学系统中的控制不同于物质生产系统的控制,学生不是教师控制行为的被动承受者,而是教学实践的复合主体之一,而且就学习实践而言又是唯一的主体。因此,学生的学习行为本质上是自主的、自控的,是在外在条件总体控制下的自控行为。教师的控制终究要通过学生自控来实现,教师控制的目的能否取得预期的效果最终取决于学生是否主动接受、配合并转化为自控行为。在传统的教育教学环境中,教育教学价值的取向是始终把受教育者当做一个会说话的高级的"容器",在教学过程中总是处于被动地接受地位,是作为一个被动的、简单的接受体看待,教学中只存在一种简单的、单向的教师对学生的关系,在整个教学过程中忽视甚至漠视师生之间、生生之间的多边互动格局的真实存在及其对教学效果的积极影响。传统的教学主要以他控为主,严重忽视学生的主体性和学生学习行为自控的重要性。

作为新课程理念下的学习方式是以学生自主创新为主的学习,必须摆脱传统教育的桎梏,在教学关系上形成师生之间、生生之间的多边互动的灵活格局。在此基础上,促进鲜活的课堂教学中学生个体与个体、学生个体与群体、学生群体与群体之间的相互协调发展。在整个教学活动中,教师充当的角色是幕后的高级"导演",是各项活动的积极"组织者"和"参与者";教师充当的是学生获取知识和技能、提高自主创新学习能力的向导。教师通过师生之间、生生之间和现代媒体之间的多边信息交流和多向思维互动,营造一种通过自己的声音、语言、体态等个性化东西而创设的民主、平等、和谐的教学氛围,用一种共享、开放的形式,让师生之间、生生之间的思想火花、疑难问题,在学生个体与个体、学生个体与群体、学生群体与群体之间的相互合作中共同讨论解决,从而获得更多的知识和能力,健全健康完美的人格。因为教师"他控"的目的在于调动学生"自控"的积极性、主动性,启发学生"自控"的潜能,教给学生"自控"的方法和技能,养成学生良好的"自控学习"习惯。所以我们说,衡量教师"他控"成效的唯一标准在于学生"自控"行为的成效。正如叶圣陶先生所说"教是为了不教",是为了使学生"疑难能自决,是非能自辨,斗争能自奋,高精能自探","自奋其力,自致其知"。

第二节　整合借鉴"洋思"、"东庐"、"杜郎口"经验

如何建立以"学"为中心的课堂教学方式,让学生的学习真正灵动起来,真正走出一条"轻负担,高质量"的素质教育之路,洋思、东庐和杜郎口经验给了我们很大启发。洋思的"先学后教、当堂训练"模式,让我们悟出"先学后教"肯定是培养学生自主学习习惯和能力的有力措施,是落实怎样引发学生自学、思考的最好方式。东庐的"讲学稿"又是落实学生"先学"的有效载体,没有"讲学稿",学生的

"先学"将没有目标和抓手,会陷入漫无边际、无从下手的窘地。杜郎口的"教育超市"式的课堂教学模式,把学习的权利完全放给了学生,充分发挥了学生的主观能动性。三校的经验都是在结合自身实际的基础上反复实践总结出来的符合本校发展的课堂教学方式和教学规律,并都上升到了理论高度,非常值得我们学习和借鉴。

[案例四]

  刘老师是我校最先去洋思中学取经的老师之一,学习回来后他非常兴奋,跃跃欲试想模仿洋思的"先学后教、当堂训练"模式。我给予他充分的鼓励和支持,并希望他能在课堂教学改革方面有所突破。可一个月后,刘老师沮丧地来找我:"校长,咱的学生不行,让他先学他不学,当堂训练也完不成,不教或后教行不通。"我笑着说:"很正常,你仔细分析一下洋思中学的老师情况、学生情况和课堂教学改革的情况,然后再结合我们学校的具体实际,拿出一个可行性的方案再试验怎么样?"刘老师回去后对教学活动进行了较大的调整,结合自己的实际,尝试了"预学任务化,训练当堂清"模式,取得了较好的效果。

(任光升执笔)

  同样的东西、同样的思路、同样的模式直接拿过来用是不行的,在不断学习的过程当中,我们结合本校实际和油田学校及油田学生的特点,积极探索,根据新课程的课堂教学总原则,即"**主体**"和"**主导**"的关系,明确素质教育的基本特征之一,是以学生为本,学生是学习的主体;真正教育的衡量标准,不是以教师教了什么,而是以学生学到了什么,学会了什么,对学生的发展产生了什么影响来确定的。所以,我们的课堂教学必须坚定不移地转向以学习者为中心。

  依据洋思、东庐和杜郎口的经验,在取其精华的基础上结合我们的教学实际,经过反复学习、认真讨论,推出了基于小组合作的"学案式教学"法,把教师在充分集体备课基础上形成的突出学生"学"的学案作为课堂教学改革和改变课堂教学结构的抓手,突出体现学生是学习的主体、教师是主导的关系,把教师的课堂行为定位在"组织、指导、点播、评价、引领"上,把课堂教学的艺术定位在"不在于传授知识的本领,而在于唤醒、激励和鼓舞",以此引领教师促进课堂教学艺术的改变。把学生的学习活动定位在根据学案"课前预学、课上小组交流—根据任务或问题自主探究—小组合作交流—以小组为单位成果展示—集体总结归纳梳理—拓展应用或检测应用……"整个课堂是一个"以教师组织、引领下的学生自主探究与合作交流"的课堂,真正体现学生是学习的主体。

我们借鉴三校的各自优势，整合为"洋思中学的学习机制＋杜郎口的学法＋东庐的'讲学稿'模式组合"，可以说是在洋思般高素质教师主导下，发挥杜郎口般学生的主体性，利用东庐中学的"讲学稿"这一载体，是当今比较完美的组合。

著名人本主义教育家罗杰斯认为："凡是教师能够讲述的、能够传授的知识，多半是死的、凝固的、无用的知识；只有学生自己发现、探究的知识，才是活的、有用的知识。"这句话虽然有点过激，但我们认为培养学生的学习能力，不仅是现代教学实际的需要，而且也是学生终身发展的要求。著名教育专家叶朗指出："反思传统课堂教学设计，最基本的一点是学生主体地位在课堂教学设计理念中的失落。"课程改革主张建立"自主、合作、探究"的教学模式，要求创建民主、平等、和谐的教学氛围，提出把"课堂还给学生"的新理念。

多年来，教师都习惯了"我讲你听"的教学模式，传统课堂教学中的信息传递是单向的、一元化的。40分钟的课堂教学，学生真正的参与度其实并不高，学生在课堂上只是机械地听、被动地记，消极地接受。而我们推行的以"学"为中心的"学案式教学"建构的是一个以教师组织、引领下的学生自主探究与合作交流的课堂，真正体现学生是学习的主体。让学生成为认识的主体，就是要在学习过程中，以学生的思维活动为主体，以学生的认知过程为主体，调动学生学习主体的主动性，变被动学习为主动学习；教师借助形象思维和富有激励、吸引性语言的有效指导，促使学生独立自由地思考问题，同时教师在了解、掌握和研究学生自主学习的心理、情感、自我监控能力的基础上，及时反馈学生的学习情况，关键处及时指导、点拨、评价、引领，及时唤醒、激励、鼓舞，让学生在积极主动的思维中，通过个体与群体之间，学生与教师之间的互相沟通、互相碰撞，来丰富个体的思维领域，认识事物本质，提升学习感受力、问题判断力、事物联想力和解决问题的创造力，从而成为学习的真正主人。

[案例五]

再下东庐的感悟

时隔上次东庐之行，弹指已经三年多，这次我们一行14人二次下江南到东庐中学进行了学习。听了一场报告及多节语文、数学、物理、英语、化学、政治、地理等学科的课；翻阅了教师的讲学稿、学生的教材等；和学校领导、教师进行了座谈；参观了校园，观看了课间操、眼保健操等活动；从教师队伍建设、教研教改、学校发展、课堂教学等各方面，对东庐中学进行了再观察、再思考和再分析。

一、与三年前相比,东庐硬件及讲学稿的发展变化

(一) 学校硬件的发展变化

三年前的教学硬件与现在已经不能同日而语,学校的大门更现代化、更气派了,教室内及各个功能教室都配备了投影仪以及大功率的空调,任课教师每人一台手提电脑。操场除塑胶跑道外,其他配套的体育设施更齐全了。建立了高档的琴房以及学生食堂和宿舍。各种表现学校文化的壁画、报栏等都有一定的档次,学校大门口大屏幕的电子显示仪也能透露出学校的经济底气。学校绿化的品种、色调更整齐划一,已经没有了农村栽种的随意。学生的班额与几年前50多人相比,现在大多在30人左右,学生的素质好像比以前提高了不少,教师已经有将近一半是新招聘的,学历和素质据说已经提高很大(教师大多是从安徽招聘来的)。总之,进入校园,从硬件建设上看已经很难找到三年前农村中学的影子了。

(二) 东庐中学"讲学稿"教学的发展现状

应该说我们的"讲学稿式教学"不论是讲学稿的设计,还是课堂教学等,已经超过了2006年9月东庐的"讲学稿"式教学,但东庐中学在不断发展和前进,也不断学习和吸收全国其他地区的先进做法和经验,我们与之相比差距在哪里呢?

1. 他们的集体备课更加有实效

在与东庐中学的学校"讲学稿"研究会秘书长徐成老师的座谈中,我们了解到集体备课在东庐中学除了"三定"外,更重要的是集体备课已经成为教师一种自觉的行为和学习的需要,同时他们还有一个集体备课的软件放在学校的平台上,其他同科教师在什么时候修改、修改的内容是什么都有记录。

2. 课堂教学上学生"自主性学习"习惯的培养有了明显的变化

几年来,东庐不断学习外地学校的做法,自主性学习做法就是移植潍坊的做法。潍坊十中的小组合作教学做法在悄悄地传播,特别是徐成老师在小组组织、结构、文化等方面的创新建设已经超过潍坊的做法,例如七年级小组组织建设、行为习惯的养成,组织上形成金字塔结构:个人—小组—学习委员会—师生。小组合作更是彻底的自主性,突破了异质分组、角色分工的做法,用比值的形式进行过程性考核。

3. 教师的课堂教学更加成熟、从容和淳朴

在听了几堂课后与学习的老师交流,感觉到东庐教师的授课更加

成熟、从容和淳朴，授课干净利索，不拖泥带水，不拉拉扯扯，不枝枝蔓蔓。简明的目标、简约的内容、简单的过程、简便的方法，最终达到真、纯、实、活的教学境界，没有了一头雾水的情景导入，走马观花、浮光掠影的声光电"读图"产生的感官刺激，没有了游离于教学目标的表演、浅层次的自主探究讨论等。没有流于形式的教学环节，学生既有时间从容地思考，更能把外界知识内化到自己的认知结构中，思维兴奋，达到应有的层次，课堂有一种相对的宁静。教学的流程从容自如，得心应手，留给学生生成的空间相对较大，活化了学生学习的资源。

课堂上学生表现的是倾听、思考、感悟、判断、推理、比较和分析等，课堂不追求热闹，不崇尚动感，不喜欢复杂，不拥挤不堪，学生得到的是系统的知识，而不是知识的碎片，课堂学习过程和情感的体验也如春风化雨般滋润。这样的课既有知识的积累，也有能力的锻炼和感情的体验。

我总感觉到我们的课堂在自然学科的教学中有弱化抽象逻辑思维、在社会学科教学中有弱化学生的整体思辨能力的现象，这些思维能力的削弱不利于学生的可持续发展，特别不利于高一级的学习。在我们平常所听的课中总有一种感觉，有时我们无意中抑制了学生思维的发展，这对学生一生的思维习惯和方式都是有害的，这绝非危言耸听。

二、我们"学案式教学"应该解决的问题

（一）加强细致的集体备课

1. 在集体备课的环节上和细致上下工夫

应该说我们的集体备课较之以前有了很大进步，由疲于应付，备课组敷衍了事，到今天的相互通思路然后形成学案。虽然已经取得了进步，但学案使用起来仍然是"你备的学案我不好用"，不是题难了就是太简单，或者有些环节根本就不需要等等，同年级、同学科的教师用得不是很流畅，总觉得有些别扭。究其原因，是因为大家的集体备课仍然有些问题：在集体备课的环节上和细致上下的工夫不够。集体备课的环节应该是：备课组根据学期内容和进度进行分工，定出个人主备内容—集体按单元讨论分析教学目标，根据目标确定本单元教学的整体思路和计划—个人分课时写出主备学案—集体讨论每一个课时学案—学案修改定稿—集体讨论使用流程—使用中找出不妥和出彩的地方，讨论形成学后记，为以后的教学提供参考。

2. 教什么，永远比怎么教更重要

哪些环节需要细致呢？一个单元、一个课题、一个课时学案的教学

目标非细致不可,非集体讨论不可。有的教师一直认为教学目标的讨论分析可有可无,因而造成对本单元目标不明确,或重难点突破思路不清。要知道"教什么,永远比怎么教更重要"。因此,必须做好集体对本单元、一个课题的教学目标认真分析,确定明确的单元、一个课题的教学思路、重难点、突破方法,才能在个人形成主备学案时不至于走偏。个人主备学案时务必要按照集体讨论的思路设计,要充分站在学生怎么学的角度去考虑,问题的设计务必考虑到不同层次学生的接受能力,要有梯度,不能太简单使好学生没有事干,更不能太难让学困生不知所云,失去信心,因此,要考虑到学生学习层次的方方面面,要考虑到知识、技能、情感、态度、价值观的方方面面,特别要重视"学前准备"环节的设计,该环节的设计主要是要求学生根据教师预设的问题,自主学习,让大多数学生通过自学基本能完成问题或题目,达到熟悉教材的内容,培养自主学习能力的目的。

3. 学案在上一年级的基础上要再讨论、再修改、再优化

经过几轮"学案式教学",我们应用的学案很多都是借鉴上一年级的,教师需再讨论、再修改、再优化。如果做到了,学案就不会出现"你备的学案我不愿意用,我备的学案你不好用"的现象。

(二)"学案式教学"应追求实效、简洁并重视学法的指导,做到刚性和柔性的统一

1. 在学案设计的环节上要追求高效、简洁

虽然我们各科科目及不同课型的学案设计都有了模式,但不同课题和内容可以有所不同,不要拘泥于模式。因此,下一步如何使"学案式教学"更简洁,更易操作,更能提高课堂的实效性,更能充分体现"学生是主体,教师是主导"的教学理念,更能与素质教育吻合,这是我们要认真考虑的。一提"创新",很多教师总认为很"玄妙",其实有时是人为地将教改"复杂化"了。教学改革要"返璞归真",要"大道至简"。20世纪90年代中期曾经连续3届获得全国语文优质课一等奖的著名专家程祥针对课堂教学曾经说过:"课堂教学应该像白开水一样的澄明,这是最高的境界。"所以,下一步,我们的"学案式教学"应追求真实自然、简洁,大道不繁。很多事物的形式搞得很复杂是因为没有认清实质,没有抓住关键,反而陶醉在自我制造的纷繁复杂中不能自拔。要大道至简,必须再整合创新,跳出原来的框框,去粗取精,抓住要害和根本,剔除那些无效的、可有可无的、非本质的东西,融合成少而精的东西。

2. 重视学法指导

在学习考察中，我感到我们的学案忽略学法的指导，一味"让其学"而不教其"怎么学"，学生面对学案、书本不知从何下手。有的学案也重视学法的指导，可惜过于零散，不系统，而且很多时候目的不明确，盲目，这使学生同样"一头雾水"，无从下手。还有就是坚持得不够，学生学"怎么学"本身也是学习，需要时间，需要在具体的实践中试行，教师必须要耐心，多指导，会等待，这点我们还得磨炼，而且应把学习的一系列方法整理成系统，便于学生接受、学习。

学案设计及"学案式教学"应该是刚性与柔性的统一，不能墨守成规，亦步亦趋。

（三）加强自主互助学习型课堂建设

1. 自主互助学习有现实意义

自主互助学习无论是在理论上还是在实践中已经不容置疑。教师主要是怕麻烦，害怕低年级学生难以控制，这是客观事实；但另一方面，也是更为重要的方面，是我们面对的初中学生大都十二三岁，处于青春期，在学业上更容易分化，我们的班额愈来愈大，教师不可能及时进行辅导。因此，自主互助学习型课堂建设更有现实意义。

有的年级（如八年级）、有的老师（如王瑞文、胡友琴等）搞得有声有色，而且在过去的"学案式教学"中取得了很好的成绩，自己所教的学科成绩也是非常突出的。这也充分证明了这种新型课堂模式的优越性。

2. 要重视自主互助学习小组的组织形式、制度的建立、考核及文化精神建设

小组的优化组合。小组规模应为四人。在小组划分上，组间同质或组内异质都可以，但提倡组之间异质分法，这样可以优势互补。小组座次采取前后座次，这既便于学生互助学习，也便于教师讲解。小组合作时间一般为一学期，学生能够与更多拥有不同经历和能力的同伴儿搭档，也有机会学习如何与新搭档合作，同时也预防了"小集团"的形成，能够避免好朋友之间只见优点、不见缺点，或不能直言不讳的问题。小组内有优化分工，培养好学习委员会成员、小组长、记录员、检查员、汇报员、计时员等。

重视小组的规范建设。在组织上精挑组长人选，培养得力助手；在内容上贯彻实施"一帮一"，努力实现"对对红"的措施；在文化上形成小组文化精神，制定奋斗目标，明确奋斗方向。创设温馨环境，营造合作氛围，培养良好组风。在评价上评选明星小组；在树立威信和责任上，

让小组长参与家长会等活动。加强小组的建设,小组的文化建设和考核与评价跟上了,再加上从学习评价、作业情况、课堂表现、考试成绩、行为习惯评价、纪律文明评价、卫生评价等进行考核评价,自主互助学习小组就能充分发挥作用,教师就能充分发挥学生的资源,学生中的"小老师"产生了,就可以对学习困难的中下游学生起到帮助作用。"兵教兵"、"一帮一"不仅有力地解决了学困生的问题,而且还促进了优秀学生的提高。优秀学生要想帮助他人,自己就得充分地理解,学习上也有了紧迫感,还要把自己理解的知识清晰地表述出来,这本身就是另一种提高。"教学"相长,这就是"兵"教"兵"的魅力。

三、从东庐联想到洋思、杜郎口给我们的启示

(一)充分发挥学生的主体作用

1. 洋思"先学后教、当堂训练"的课堂教学结构

所谓"先学",就是在课堂上,学生按照教师揭示的教学目标及学前指导,看书、练习。所谓"后教",就是针对学生自学中暴露出来的问题及练习中的错误,教师引导学生讨论,"兵"教"兵",会的学生教不会的学生,教师只作评定、补充更正。所谓"当堂训练",就是让学生当堂独立完成作业(时间不少于15分钟),进行严格训练,形成能力。这样,使课堂教学的过程变成学生自学、探索、实践的过程。

我到洋思听课有这样一种感觉:课堂上都是学生在自学、思考、交流,教师讲得很少,几乎成了"哑巴"。在洋思的课堂上,教师一般讲课都在10分钟左右,最少的甚至只有四五分钟,学生自主学习的时间通常达到35分钟以上。理科如此,文科也是这样。

2. 杜郎口"三三六模式"的课堂教学结构

所谓"三三六"自主学习新模式,就是课堂自主学习三特点:立体式、大容量、快节奏,自主学习三模块:预习、展示、反馈,课堂展示六环节:预习交流、明确目标、分组组合、展现提升、穿插巩固、达标测评。

这里面最精彩的是第二个三,即被人称为"赶大集"式的课堂,也就是自主学习三模块:预习、展示、反馈。

"预习、展示、反馈"是杜郎口中学课堂教学改革中对传统模式的改造创新,目的在于让学生在课堂上"敢说"、"会说"、"说得精彩",真正落实"学生动起来,课堂活起来"的课堂改革目标。

"预习、展示、反馈"三大模块贯穿在一起,就构成了杜郎口中学的自主学习模式的主体。这些模块的教学组织形式主要以小组活动和学

生自学为主,都是学生为主体的课堂。

从以上三校的课堂实践中可以看出,他们都贯彻了"学生是主体"的教学观,也就是发挥了学生内因的积极作用,学生的主体地位都发挥得淋漓尽致。在这一点上,我们不管是在观念上还是在实践上,都有待改进。

(二)追求实效、简洁、实在,力戒浮躁的教学方式、方法

1. 东庐中学的教育教学的基因是朴素、自然

在东庐学习中,我有一种感觉,学校像农村土地一样淳朴、自然,本色的学校,本真的教育。追求朴素的教育与追求朴素的生活本质上是一致的,朴素意味着真实、和谐。

山东省教育厅张志勇副厅长2009年赴江苏东庐中学教育考察时在博客随记中写道:教育是简明的,教育是朴素的,而提高课堂教学效率是当前教学改革的关键,是推进素质教育的前提!

2. 三校在教育教学上追求的价值观相同

东庐、洋思和杜郎口,三个学校都位于农村,乡土气是他们与生俱来的文化基因,淳朴,讲究实效。三个学校试行新的课堂教学模式前都有一个共同的特点——面临撤并,学校领导都是背水一战,力求简洁、实效,更好地提高教学质量,教学方式、方法也是实实在在,不搞花架子。在东庐听课,大家都有一种看法:他们的教师在素质上比不了我们,但为什么他们在全国如此闻名?除了集体备课发挥集体智慧外,在课堂上表现更为实在,几乎没有什么"亮点"。在公开课上,面对学生,面对任何想听这节课的人,教师想的是学生,想的是怎样让学生展示自我。我觉得这才是常态下的精品课,这些课应该是每位听课的教师都能学得到、做得到的公开课。

目前课改进行得如火如荼,公开课也是"精彩纷呈",但这"精彩"背后牺牲了师生多少宝贵时间,耗费了教师多少心血精力,大家"心照不宣"。但东庐的公开课就是真实、实在。"好看不好看"不是重要的,学生"学没学到东西"才是最重要的。教育中的每件事看起来都很小,每个细节似乎都微不足道,然而正是这些"小事",这些"细节",成就了东庐的教育。所以,实实在在做好每一件小事、每一个细节,就是在实实在在地教好学生。

3. 三所中学现象的背后

东庐中学与洋思中学、杜郎口中学都是一样的,就是课堂教学效果不看教师,而看学生。

翻遍近年来的"教育革命",这"革命者"大都一概来自乡下,洋思、东庐、杜郎口中学……为什么教改的典型全来自乡下?这发人深思。

洋思、杜郎口、东庐,他们最初的确是很"陈胜起义"的,不改是死路一条,改有可能寻到生路,于是他们选择了改。"东庐们"是卷起裤管下田的,关上门闹革命,哪还有精力搞"花哨"。他们偏居各种条件都相对滞后的乡下,保留着乡下人的纯净、质朴,他们远离形形色色的浮躁和虚荣,因此,他们的眼里只有课堂。他们不唯新、只唯实,却成为中国教育"最新"的前哨。中国教育因为有他们而多了活力与希望。

洋思、杜郎口、东庐三所学校的教学改革都是根植于乡土,根植于实际,实事求是,看起来,"土气"也许似乎印证了"原生态"更是本质地、原生性地、开创性地扎根于本土。

三校各有优点:洋思中学的机制,杜郎口的学法,东庐的"讲学稿"教学。也就是说,在洋思高素质教师主导下,发挥杜郎口学生的主体性,利用东庐中学的"讲学稿"这一载体,可以总结为:洋思的教师+杜郎口的学生+东庐的"讲学稿"。这是最佳的组合。

四、学习吴越文化(海派文化)的精致、精细管理

东庐在教育教学上表现精致、精细的风格与吴越文化的深刻内涵和精神特质有关。

吴越文化素以精致闻名,不同于北方文化的粗犷和广东等南方文化的世俗。精致不是一个简单的元素,而是从骨子里到外表的一种追求,要让每一个细节、每一个元素成为一种点缀和衬托,通过细节体现变化与个性。

吴和越两个国家分别在春秋时期相继称霸。直到六朝前期,士族文化的阴柔特质及其对温婉、清秀、恬静的追求,改变了吴越文化的审美取向,逐步给其注入了"士族精神、书生气质"。南宋直至明清时期,吴越文化愈发向文弱、精致的方向生长。到清乾隆盛世,其间不论是经济、科技、教育,还是学术思想、文学艺术,都成为这一文化走向高峰并在全国领先的标志,其影响一直延续至今。

燕赵尚武,吴越尚文,这种文化性格与他们所处的地域不无关系,孔圣人说:"仁者爱山,智者乐水。"因为有水,风调雨顺,江苏人充满着灵性。水是崇智的,所以历史上江浙一带大学者、大文豪、大科学家和大商人辈出不穷,人文鼎盛可谓极一时之盛。

吴越又是温柔之乡,吴越之音柔和婉转,像昆剧、越剧书卷气、脂粉

气特浓,既没有京剧般的贵族气,也没有豫剧的匪气以及山东梆子的憨气,更没有晋剧的高嗓门莽气和二人转的痞气,有的是让人听了心旷神怡、婉转动听。表现在饮食上精致小巧,建筑精雕细琢、布局巧妙,像周庄、乌镇、同里小城郭等,打造得小巧舒服,即使农田也侍弄得像棋盘一样平整精致,加上"园林意识"、"小巷情结"滋养着江苏人的性情,既没有像"敢为天下先"的广东人,把生意做到地球的角角落落,也没有皇城子民的北京爷们的傲气十足,感到满大街都是金钱。江苏人把事业做在家里,同样做得精致,性格上官本位意识比较淡,经商意识浓厚。江苏的工业园全国最出名,国民生产总值一直在全国前列。

改革开放以来,植根于吴越文化,日益被注入时代精神,赋予新的时代内涵。人们头脑活络、聪慧机敏、灵动睿智、实用致用、务实求真使吴越之地商品经济率先起步,市民阶层形成较早,实业传统、工商精神、务实个性和平民风格等,都是吴越文化中不可或缺的内容。毫无疑义,大力弘扬崇真向善、淳朴平实、诚信守信的精神,正是目前思想文化建设和核心价值体系建设面临的重任。长三角整个区域成为一片充满生机的热土,从这一区域的文化传承与更新中,就不难找到现实的注脚。

与此相连的学校教育也是非常精致、精细。精细化的管理、精细化的备课、精细化的课堂教学等,在它们的角角落落、旮旮旯旯,都能看出其精致、精细。

(张凤魁执笔)

经过五年多的实践,我们认为学案是"主体"与"主导"的有效载体,实施"学案式教学"是切实可行的,教师在实际操作中容易把握。以小组合作为主线的"学案式教学"方式是"主体"与"主导"切合实际的切入点,是颠覆传统课堂教学的权力结构。实现课堂教学哥白尼式的革命,真正使学生成为学习的中心,实现学生学习态度和学习方式的根本转变,大大提高课堂教学效率。

第三节 "学案式教学"的定位与实践

随着计算机的发明,世界互联网络大平台的建立,整个世界成了一个大地球村。大容量的网络多媒体资讯,不可逆转地改变着我们每一个人的生活方式和学习方式。一个崭新的信息时代要求人们不断地进行学习,不断地更新知识,才能跟上和适应时代的要求。

我们的学生最缺乏的是自主学习的能力和与人合作交往的能力,而这两种能力又恰恰是学生立足未来社会所必备的基本能力。因此,教师要在促进学生全面发展的基础上,更加关注学生的独立性和自主性的培养,要学会引导学生在实践中学会质疑、调查、探究,要指导促进学生主动地、富有个性地学习,要培养学生搜集和处理信息的能力、获取知识的能力、分析和解决问题的能力以及交流与合作的能力。而要实现对学生能力的培养,就必须在日常的教育教学中创造培养学生能力的学习方式,特别是探究学生自主学习能力和合作交往能力培养的学习方式。以"学"为中心的"学案式教学",是建立在学生根据学案提前"自主预学"的基础上,通过小组合作交流的方式完成学习过程,因此,对于培养学生的自主学习能力、合作交往能力以及在交往中学习的能力具有较强的针对性。

[案例六]

一天,我随机去听一位老师的课,老师讲得没有激情,学生分组也明显是临时性的应付,基本上是非常传统的灌输课,老师仅按照自己的讲课思路去进行而很少考虑学生的感受,学生反应自然一般。学生被动地听讲,老师提问时也很少有人举手发言,整个课堂死气沉沉。课后我问学生:"你们平时上课都这样吗?""是的。"学生的回答是一致的。再调查学生在课上的收获,结果可想而知。事后我与这位老师做了一次畅谈:"张老师,上学期学校组织公开课比赛时,你的讲课思路不是这样的,我记得你讲得不错,还获了二等奖,是吗?"张老师红着脸说:"是的,但那是经过反复思考、反复训练的公开课,今天您来听课,我没有准备,所以讲课思路不一样。"我问:"你觉得你当时的讲课思路怎么样?""很好!""那怎么不坚持呢?""那是讲公开课,平时讲课谁那样讲呢?"……与张老师的一席谈话,让我陷入深深思考:我们要真正落实新课程标准,真正实施素质教育,提高教学质量靠的是什么?是经过反复打磨的公开课和优质课吗?当然不是!我们需要的是每个老师真正的思想观念的转变和每一节常态课教学质量的真正提高。学生素质的提高需要每一个人通过长期坚持的常态课教学方式的改变和学生良好习惯的培养来实现,而不是靠几个老师讲出几节优质课或公开课所能达到的。

(任光升执笔)

学生的知识和能力素质的养成,最重要的主战场是常态课堂。那么,改变常态课堂教学流程和教学习惯,建立一种以"学"为中心的学习方式,摸索试行"学案式教学"具体课堂教学流程,塑造生命灵动的常态课堂,是我们五十九中人在新课改理念指导下进行课堂教学改革的定位与大胆探索。我们实行的以"学"为中心的"学案式教学",就是通过改变"常态课"的教学结构和流程,从而改变教师的教学行为、教学习惯和学生的学习行为、学习习惯,以减轻学生过重的课业负担、提高所有教师"常态课"的质量为目的,不是追求如个别优秀教师讲出几堂经过反复打磨的"优质课"来装门面,而是进行整体课堂教学结构的变革,探究一条真正"轻负担,高质量"的符合素质教育要求的课堂教学之路。我们追求的是以"学"为中心的"学案式"课堂,不是发言热闹的课堂,而是用心地相互倾听的课堂;不是学生高高举着手闹哄哄的课堂,而是一个有组织的小组发言和其他学生用心倾听思考的课堂;不是以相互无原则的争吵为交流现象的"假讨论"课堂,而是一个学生能够轻声细语相互交谈、轻松合作交流的课堂;不是由几个人的发言控制的课堂,而是一个同伴间相互帮助,人人都有发言机会的课堂。我们构建的"在交往中共同成长"的"小组合作"的学习方式,不仅仅局限于课堂上,而是贯穿在"学案式教学"的课前预学交流、课后拓展探究的整个教学流程中。

以"学"为中心的"学案式教学"遵循的总原则是"教"为主导,"学"为主体,"学"为中心。学生在"学案式教学"中遵循的原则是:超前主动学习,在合作交往中学习,在自主学习基础上的合作交流,在自主探究基础上的成果分享。教师在"学案式教学"中遵循的是学案编制换位思考、整合预设,学案使用重在引导点拨、评价激励,只唤醒不告诉、只引导不替代、只点拨不包办的原则。

以"学"为中心的"学案式教学",以人为本,关注了学生全面发展,促进了学生健康人格的形成,培养了学生创新精神和创新能力,为学生的终身发展服务;以"学"为中心的"学案式教学",倡导的是学生自主学习、自主探索、自我发现、自我解决,课堂教学培养训练的着眼点是学生学会学习、学会合作、学会质疑、学会发展;以"学"为中心的"学案式教学",从根本上转变了教师的教学观念和教学方式,转变了学生学习方式,改变了课堂教学结构,优化了课堂教学模式,提高了课堂教学效率。

我们进行的"学案式教学"方式的变革,就是针对培养学生的自主学习能力和习惯而设计的。学案给学生提供了具体可操作的预习性作业和探究性任务,让学生有的放矢地去自主学习和探究,有利于学生形成良好的自主学习习惯和自主探究能力。

实施以"学"为中心的"学案式教学"方式,教师的责任就是唤醒、激励和鼓舞。在引发学生思考、引导学生交流、组织学生"小组合作"学习方式的活动中,教师需要的是积极地发现每一个学生的思维火花,唤醒每一个学生的问题意识,激励每一个学生的积极参与,鼓舞每一个小组的真心合作。教师应该做的是积极主动地融入学生的合作交流,细心深入地观察每个学生的学习状态,仔细了解每个小组的活动状况。在此基础上,教师及时提出具体的学习任务以诱发学习,组织引导交流各种各样的新发现,开展多样化的生生间、师生间的互动,诱发学生的深层拓展性思维。

实施以"学"为中心的"学案式教学"的目的,就是以学案为载体,以"小组合作"的学习方式,让学生"会学、学会"——在教师的点拨、引导、激励下,学生通过自主学习明确学习目标和任务,明确学习的方法和途径;通过在问题引领下的自主学习,解决预设问题和生成新问题的过程,培养学生的思考能力和质疑问难的能力;通过自主学习基础上的小组合作交流与探究,培养学生的合作共生能力和解决问题的能力;让学生在相互讨论、独立探索、合作研究、解决问题的过程中,学会观察分析,学会联想思考,学会归纳梳理,学会倾听包容。"学案式教学"的课堂,更多关注的是学生学习方法的指导,让学生的学习活动变得更丰富,让学生的学习经验变得更深刻。以"学"为中心的"学案式教学",就是一个"轻负担,高质量"的素质教育课堂改革的成功范例。

以"学"为中心的"学案式教学"理念,具有超前性、先进性和时代感。它促使教师教学观念有了根本性的转变,它促进了教师角色的转换。"学案式教学"把教学重心从研究教法转变到研究学法上,主要从学生的角度、从学生的学习实际出发,帮助学生解决"学什么"、"怎样学"的问题。禅宗有三句话:"看山是山,看水是水";"看山不是山,看水不是水";"看山还是山,看水还是水"。这三句话精辟地解释了人们的认知过程是一个由浅入深、由现象到本质、由已知到未知的过程。学生的学习也是遵照这一认知过程。我们编制学案的过程,就是帮助学生按照从易到难,从表面到本质,从特殊到一般,有目的、有层次地安排学习活动的过程。教师的课堂教学,从主演明星转变为幕后导演,悄悄地走下讲台,隐身到学生中去,关注学生的学法指导,关注学生的思维动态,关注学生的学习和交往活动,关注学生的内心和情感体验。

以"学"为中心的"学案式教学",具体落实了"以学生为本"的理念,改变了学生的学习习惯,转变了学生的学习方式。我们设计科学的学案,应该是教师根据学生的学情设计的有目标、有程序、有题例的课堂学习活动的方案,是教师站在引导学生自学的角度上,对教材作二次加工而编写的适合学生学习需要的文本,是给学生提供的一种有明确学习任务和学习方法的优化的学习方案。这种有具体任务和学习方法的学习方案,简化了学习内容,优化了课文知识和学习能力结构,使学生由被动学习变为主动学习。每个学生在学习过程中,积极自主地探索、个性化参与,非常有利于良好学习习惯的培养,增强自身的学习能力,提高学习效率,从而达到减负增效的教学目的。教会学生"学会学习"是新课程教学的要求,符合信息时代对人才的要求。

以"学"为中心的"学案式教学"的课堂,是让学生每一个独特的生命在活泼的课堂上灵动起来的空间。它是相互倾听的课堂,是合作分享的课堂,是活动的课堂,是润泽的课堂,是思考的课堂,是以"学"为中心的课堂。在这样的课堂上,学生是学习的真正主体,所有的学习活动都是围绕着学生如何更好地"学"去展开。

在这样的课堂上,"小组合作互助"是学习的主要形式。小组内根据任务或问题有组织地进行交流互助,学习好的同学是小组的小老师,学习中等的同学则是小组内的骨干,学习差一些的同学既是小组内的帮扶对象,更是小组内成果展示的发言人。这种有组织的小组学习形式会一直延伸到课下的学前准备、课上活动的组织与准备、课下主题探究性活动的组织与实施等。同学们在这样的小组学习过程中,相互交流,相互帮助,共同分享合作的成果和成功的喜悦。

在这样的课堂上,各种各样的活动都在有组织地进行。学生的思考,小组的交流,同学间的帮教,小组间的展示……一切都在有序地互不干扰地进行着。课堂上,每一个学生都在静静地思考,每一个小组都在悄悄地交流。同学们在活动中启迪了智慧,找回了自信,找到了学习的乐趣,找到了交往的乐趣,找到了同学间的友谊。

在这样的课堂上,师生之间、生生之间是情感的交流、心灵的沟通;大家安心地、轻松自如地构筑着人与人之间的和谐关系——同学之间、师生之间相互信任、相互尊重;没有那些吵吵闹闹、发出怪声的现象,没有那些所谓"活跃"的白热化的发言竞争,没有那些不加思考就高高地举着手的现象,更没有那些老师随便的"是不是"、"对不对"地问,学生随便的"对"、"是"的不加思索地齐声附和。

在这样的课堂上,学生学习的过程首先是一个学会思考的过程,是在问题或任务驱动下的独立思考,是进行各种交往和合作分享的过程。同学之间的交往、合作等活动都是建立在个人独立思考的基础上进行的。

在这样的课堂上,学生是学习的真正主体,所有的学习活动都是围绕着学生如何更好地"学"去展开。教师的作用只在于唤醒、激励和鼓舞,只在于引导、启发和评价。在这样的课堂上,"道而弗牵,强而弗抑,开而弗达"得到了最好的诠释。自主学习是一种自动自发的习惯,带着问题学习探究思考,在思考探究中产生新的问题;带着自学的收获与思考进行合作交流,在合作交流中阐述自己的观点,解释自己的疑问;在互助中巩固知识,形成结论,在互助中学会交往,加深友谊。

我们都懂得,没有个人的独立思考,就没有真正意义上的小组合作。培养学生学会独立思考,实现真正意义上的合作学习,避免那种表面热烈的假讨论,塑造一个真正生命灵动的课堂,是我们每一位教师梦寐以求的教育新境界。可喜的是我们五十九中人,经过千辛万苦的摸索实践,探索出一条以"学"为中心的"学案式教学"模式,来实现新课程教学理念,走出了一条"轻负担,高质量"的素质教育之路。我们以"学"为中心的"学案式教学"的课堂,就是有效实现真正生命灵动的课堂,是学生真正自主思考的课堂,是学生互动启发的课堂,是学生相互尊重的课堂,是学生相互倾听分享的课堂。

第四节 学案的设计要求和编写原则

[案例七]

  刘老师响应学校号召准备大胆进行"学案式教学",他到新华书店买来一套《学案》兴致勃勃地来找我:"校长,咱们不用费那么大的劲编学案了,新华书店现成的有很多,我买回来一套你看看!"接过刘老师买来的《学案》,我们俩进行了认真的分析,认为这些成型的《学案》不是我们想要的学案,因为它们既没有明确具体的学习目标,也没有具体的学习方法指导,更重要的是没有引导学生预学的、具体的问题性任务,不能引导学生自主预学,特别是各种问题的设计不符合我们具体的教学实际……经过认真分析,我们认为,只有教师认真准备的、根据具体的教学实际设计的学案才是适合学生的学案。

(任光升执笔)

  根据对"学案式教学"的定位和认识,我们认为关键是具体的操作与设计,因此,我们首先进行了学案的设计定位与要求:学案是教师根据学生现有知识能力水平、教学目标、教学内容、考试要求,通过集体备课形成的指导学生学习的指导方案和教师的教学方案,它集学生学习方案、作业、测试、复习资料和教师教案于一体,是师生共用的教学文本。学案是学生课前、课上、课后使用的学习任务方案,更是教师课堂教学的引导方案。学案的设计是学科教学过程中的一个至关重要的环节,因此,学案的设计质量是搞好"学案式教学"的基础。

一、学案设计的一般要求

  明确目标,提出方法——提出预习导学任务和预学方法及要求——提出明确具体的课堂学习任务及解决任务的思路和要求——给出本节课知识点梳理要求——拓展应用,升华延伸——达标检测,强化能力。

（1）要有明确具体的学习目标和学习方法指导，有重难点提示和突破方法建议。学案的制定，要遵循学生的认知规律，先设计学生容易把握的知识，学生完成初始探究，形成表象认识；然后，再设计深入本质特点的知识，质疑反思，学生完成深度探究，从而把握本质，形成对知识的深层认识，自主总结建构新知，完成对事物的认知。教师要在认真了解教材和学生的基础上，研究学科知识点与学生思维能力的关联性，再确定相应的学习目标、学习重点；研究知识规律，研究学生知识水平和学习方法，再确定相关知识的编排顺序。这有利于学生形成完整的知识网络。

学案中要体现出明确、具体的学习目标。它主要包括知识与技能、过程与方法、情感态度和价值观三个纬度。"知识与技能目标"是通过学科知识结构、单元或章节的知识结构、课时知识结构的分析，来建立知识结构框架体系，它在学案设计初始，要有明确的体现。"能力目标"，在实际教学中必须通过具体的学习活动来培养与体现，需要师生通过教学活动，循序渐进地进行培养，要突出过程与方法，特别要重视思维与方法的多元性、灵活性，从而达到开发智力、培养能力的目的。实施"学案式教学"，能力目标主要通过学生自主学习、独立思考、仔细倾听、积极发言、互助协作等"小组合作"的学习方式来实现。"情感目标"是隐性的，有时不直接写在学案上，教师可适当调控，通过教师自身的言行、学生的活动潜移默化地实施。教师精心设计的学习目标和学习方法指导，重难点提示和突破方法建议，会让不同层次的学生根据不同层次的目标指导自己自主学习。整个教学流程有步骤、分层次，从知识技能到理论运用，环环相扣，水到渠成地完成明确的教学任务。

（2）要有围绕目标设计的、具体的、学生通过自主学习就能基本完成的预学任务。预学任务是根据每一节具体的教学内容和目标要求而设计的，引导学生自主学习的问题情景式的任务。它明确要求学生运用各种学习手段去完成、去落实。学生根据学案上的预学任务，提前通读教材的相关内容，在理解的基础上，引导自主学习。它一般是教材中知识的重点、难点的切入口。预学任务的设置，给学生一定方法引导和思维的启示。预学任务中问题的设置，要根据学生现有的知识水平和综合能力，要有一定的科学性、启发性、趣味性和实用性，还要具有一定的层次和难度。让学生自己提高思维能力，在自主学习探究中，加深对知识的深化理解，培养学生的自主分析、解决问题的能力。

（3）要有具体明确的、学生在自主学习基础上的、通过小组交流就能初步完成的学习任务。学习知识是为了运用知识。学案设计本身就是一份引导学生自主探究知识的自学文本。学生凭借自身现有的知识能力水平，不太可能自主地对知识体系、线索进行较完整的概括，那么，我们的学案设计，必须站在学生的角度,先由教师拟定一个基本的具体明确的学习任务,内容以本节内容为中心,根据学生的认知规律,将知识点进行拆分或组合,充分发挥每个知识点各有的能力价值和情感价值,设计成不同的问题或练习。还可以适当联系其他章节相关内容,选用例题和教师自己设计的题目,训练形式一定要多样化。在强调综合学科能力的今天,要尽可能多地设计一些联系生活实际、跨学科的综合能力训练题。题目应体现难度层次的递进,学生自学时按照自己能力水平,或独立,或小组合作交流,或师生共同探讨来完成学习任务。

(4) 要有梯度的拓展应用或检测应用题例,引领不同层次的学生都有所收获。生命灵动的课堂是千变万化的,学案设计要遵循学科规律。各学科有各学科的教学规律,数学重抽象思维,语文重形象思维,不同的学科不能苛求一种模式或流程,要根据学科性质,设计符合学科特点的学案。例如:语文课的梯度拓展应用,可以让学生说几句话,写一首小诗,或写一篇短文来检测学习效果;数学课可以让学生围绕所学知识自己设计题目;历史课可以让学生搜集历史小故事;政治课可以让学生以画漫画的方式来谈学习收获等。学案设计的有梯度的拓展应用题例,应该是充满教师集体智慧的、充满科学变化的教育艺术。设计有梯度的拓展应用或检测应用题例,可以引领不同层次的学生都有所收获,真正让学案成为教师提高教学效益的重要媒介,成为师生发展的生命对话。

(5) 可以提供教材以外的相关材料等。不同的科目、不同的课型有不同的特点,学案设计要求自然不同,但一个总的共同点就是要在突出学科特点的基础上,突出学生的"学"。学案设计要引领学生自主学习与合作学习,引发学生的思考,培养学生的自主学习能力与合作交往能力。学案设计要有开放性,要提供教材以外的相关材料,设计内容要向生活开放。要注重学生知识世界、生活世界、心灵世界的相互联系,增强学生的学习兴趣,切实提高自主学习的效益。

二、学案的编写原则

1. 主体性原则

确立学生是学习的主体,突出学生的"学"是教学的中心。传统备课考虑的是"我要如何教",编写学案考虑的是"学生要如何学",所以教师必须确定全过程指导学生自学的思想,才能以学定教,编出适合学生自学的学案,带着教材走向学生。教师还必须确立用教材教而不是教教材的思想,才敢大胆取舍教材,合理加工教材,编写出适合课堂操作的学案。

2. 导学性原则

学案要具有指导学生学习方法和引导学生自学、交流的作用。编写学案,教师必须对教材做再加工。在教材—教师—学生三者中,教师是教材与学生之间的桥梁，教师要用教材教，就不能循规蹈矩死教教材，必须认真学习教材，准确加工教材，科学补充教材，合理拓展教材，把教材加工为引导学生学习、引导学生交流的"美味佳肴"。

3. 探究性原则

学案中的问题设计既能引导学生自学，又能引导学生探究，引发学生思考。问题的表述要准确、清晰、简洁；问题的难易度、出示的适时度等要科学；问题的设计要有层次，能面向全体学生；问题的设计要能激起学生探究的动机，诱发学生的学习兴趣；问题的设计要结合教学内容，针对教学的重点、难点的几个关键性问题，不能太碎，也不能太随意；问题的设计要有开放性，能促进学生的思维发展，具有"多元、变式"等特点，富有实效和思考价值。尤其要注意避免低效、无效问题和低效、无效讨论。

4. 层次性原则

学案设计要关照不同层次学生的不同需求。学案编写要针对学生的差异，设计不同层次的内容和问题，让基础不同的学生都能通过自我的努力学有所获，通过集体的互助达到自我的提升，通过教师的引领点拨，明确前进的方向。

5. 开放性原则

学案有可供师生丰富完善的"留白处"，具有辨识和变易的引导与应用，便于备课组内教师进行"二次备课"。

6. 创新性原则

创新性，有利于培养学生创新意识。

7. 实践性原则

实践性原则，即让学生在做中学。

学案编写必须是集体研究的结晶。一份学案，全年级同学科共用，没有每位教师的参与，必然会有教师在使用中感到不如意或遗憾，所以，学科教师必须全员参与，共同商量研究。一般情况是：备课组长牵头，组织大家就教材处理、教程设计、题例选用，作广泛讨论，由一人主备，形成学案初稿，经大家审阅更正后，付之于教学。这样集思广益，集体备课，才能保证学案的基本质量。

第五节 "学案式教学"的备课方式

新课程背景下"学案式教学"中的学案，是在提前集体备课的基础上，形成的具体的学习计划和学习方案。该方案一定是站在学生如何更好地"学"的角度去设计。学案的设计过程和新的备课模式，是集体备课的结晶。学案既是校本教研、校本培训的载体,也是校本教研、校本培训的方法和手段,是教学、教研、培训三者联系的纽带、沟通的桥梁,是使教学、教研、培训一体化的融合剂。

具体过程为:寒暑假备课—主备教师备课—备课组备课—课前备课—课后备课—课后复习及保存。

"寒暑假备课"是学科组在假期内或假期结束前进行的学期教学计划的制定,备课任务的分配,讨论学案实施的粗略方案等。"主备教师备课"是任课教师在备课组长的领导下,根据分配的学案设计任务,认真学习教材,深入思考教材内容,灵活准确地加工教材,科学合理补充拓展教材,结合学生学习现状,写出学案的初稿。一般提前一周交备课组长,便于集体讨论。"备课组备课"是每个备课组在学校安排的集体备课的时间内,集中备课组所有成员的智慧,根据每个教师的知识储存、教学经验、教学组织能力、学生不同层次的学情等方面的情况,将写出的学案初稿进行探讨、优化,把教材加工成适合学生学习的具体的学习计划和学习方案。"课前备课"是应用学案的教师在上课前一天或几天内,根据所授班级学生的学习实际情况进行调整的过程。"课后备课"是教师课后根据课堂授课情况及时进行反思和札记的过程。把它补充到学案中,是教师自己的教学反思,可供下学年其他任课教师借鉴。"课后复习及保存"是师生各自用适当的形式对学案进行整理保存,便于以后复习、检查和存档。

这种集体备课模式形成的学案,是集备课组所有教师智慧之大成,是教师真诚合作的结晶。这种备课方式统筹兼顾,分块包干,专项深入,既避免了个人备课的片面性,又将教师从繁杂重复的备课工作中解放出来。一方面,让教师能腾出时间来琢磨学生,琢磨学法,有精力与学生进行有效的沟通辅导,便于实施因材施教,提高教育的合力;另一方面,又让教师有时间重点思考专项包干的教材问题,加强自身业务学习,实施深度备课。更重要的一点是,这种备课方式,把教师平时的单打独斗,变成了具体的、必需的集体合作,有利于教师之间的互助沟通,加强了彼此了解,加深了同事的感情,增强了年级部、备课组之间的合作意识。变"同行是冤家"为"同行是亲家",有利于教师之间教育合力的形成,有利于教师、学校的整体发展提高。

"学案式教学"这种集体备课模式,是一种非常有益、高效的教师合作模式。这种集体备课模式,摒弃了传统的单一备课模式,抛弃的是形式主义,追求的是实际效果。这种集体备课模式,促进了教师的理论学习和教育教学研究,提高了教师理论学习和教育教学研究的自觉性和积极性,发挥了骨干教师的作用,促进了教师整体素质的提高,减少了教师的无效劳动。这种集体备课模式,增强了教师的竞争合作意识,实现了我校提出的"拥抱式组合,一体化管理,发展性评价,绩效性激励"的团队间赛马机制。这种集体备课模式,实现了教学管理的权力下放,强调了教育管理重心的下移,强调了学校给予教师、学生更大的权力和自由,使教师、学生成为自我管理、自主发展的主体,从而提高了学校管理的有效性。这种集体备课模式,提高了学校活力和办学效益。管理模式的变化,促使了教育管理哲学从"外控式管理"向"内控式管理"的转变。它包括了校长、教师、学生、学生家长等角色转变的过程。这种管理机制,使学校有了更大的自主性、灵活性。以教师、学生为对象而开展管理,大大缓解了目前普遍存在的教师职业倦怠的矛盾,大大缓解了师生的矛盾,学生厌学问题得到了一定程度的缓冲。

"学案式教学"所需要的这种集体备课模式,改变了教师之间原有的交往方式。过去教师的交往方式基本上是"离散式"的,每个教师通常以独立的方式,从自己的经验中学会教学,同事之间很少有求助于问题进行的对话。如果有求助于其他教师,便是表明自己的无能。对待其他教师往往不愿做出实质性的指导帮助,多数教师坚守着自己的业务和学术的独立王国,而不愿意与他人进行合作。"学案式教学"所需要的这种集体备课模式,为教师提供了特定的合作教学环境,鼓励教师之间深入联系、分享教学技能、相互学习提高。"学案式教学"的集体备课模式,为教师之间引入一种"思辨式"教学方式,倡导了一种"平等、自由、团结、合作"浓厚的学术氛围和教研方式,营造了一种"繁忙、激动、活泼、无拘无束、和蔼可亲、其乐融融、共同成长"的工作环境。"学案式教学"的集体备课模式,让教师之间的凝聚力增强了。

第六节　学案设计和课堂评价

"学案式教学"是学生依据其在教师指导下进行自主探究的教学活动。它的功能是通过引导学生自主学习、自主探究,确保学生学习中主体地位的落实,实现学生学习的最大效益,最大限度地为师生"互动—探究"提供课堂时空。同时也是"教学合一"的载体,是体现教师对课程的居高临下的认识、教材内容的挖掘与教师的知识储存、教学经验、教学组织能力等方面的整合。

一份好的学案是融教学内容、教学过程、教学方法于一体的,渗透着好的学法指导,各知识点及内在联系、知识结构非常清晰,能够引导学生进行科学有效地学习,全面掌握教材内容,提高基本知识、基本技能。

因此,学案设计要提出有思考价值的问题,创设丰富有内涵的背景,开展多样有创意的活动,引导、鼓励学生勇于探索,勤于动脑、动手,也可由学生自主提出问题,讨论问题,解答问题。活动的形式应该生动活泼,讨论、辩论、评论、演讲、模拟角色、新闻发布、学生讲课等方式均可采用，要依据具体教学内容科学选择。此外，还要发挥学校信息技术的课堂整合的优势，通过借助媒体、网络等多种电教手段，展示丰富多彩、鲜活有趣、寓意深刻的各种材料、背景、图像、漫画、诗词、名言、俗语、歌曲等情境，让学生身临其境，进入角色，增加课堂容量，开阔学生思路，优化教学过程，提高教学效益。

学案编写与使用的运作方式，是指对学案的生成、规范、转化、使用、提升和发展的过程性操作办法。

一、学案设计要有一定的内容模式

无论课堂教学怎么运行，它都有基本模式可循。学案设计的基本环节是：认定目标，预习导学—小组交流，互动落实—课堂讨论，质疑释疑—回扣目标，训练巩固—反馈矫正，反思升华。这是课堂教学的基本运行规律，也正是学案编写与使用的根本性依据。

二、学案设计要有一定的形式格式

尽管学案可以写得各具特色，但应有一定的格式才便于操作。格式是指学案的框架和基本程序，主要有：① 学案的名称；② 项目，包括年级、科目、设计人、审核人、设计时间、课时、课时编号、教育教学技术应用等；③ 课题；④ 学习目标；⑤ 学法指导等。如果备课组内的教师配合好也可以进行美化，加上页眉页脚和页码等，这样便于学生对学案的编排和保存。

学案设计以"自主合作学习课堂"的基本模式进行设计，根据不同课型如自学课、展示讨论课、反馈课、习题课、复习课、讲评课等课型采取不同具体设计方案。

三、学案课堂教学设计的主体基本环节

依据学案，认定目标—出示学案，定向自学—小组交流，尝试解疑—课堂讨论，质疑释疑—回扣目标，训练巩固—反馈矫正，归纳总结—迁移应用，拓展提高。根据不同学科、不同课型，教学环节可以进行修正。

1. 依据学案，认定目标

教师创设问题情境，导入课题后引导学生认定目标。目标应是系统、科学、明确、具体、可操作的，学生一目了然，具有可检测性，并与本节当堂达标题相对应。不可用"了解、理解、掌握"等模糊语言，而应用"能说出"、"会运用××解决××问题"等明确语言给出学习目标。数量以2~3个为宜，不能太多。

通过教育教学之后学生行为变化的期望，要求用外显行为动词表述"做什

么,怎么做,做到什么程度"等。学习目标的三维目标应具体细分,如认知目标应有五个层次:记忆、理解、掌握、运用、创新。记忆目标的主要外显行为动词如说出、写出、画出等;理解目标的主要外显行为动词如解释、说明、举例、比较、区别等;掌握目标的主要外显行为动词如论述、阐述、分析、综合、整合、讨论、归纳、应用、练习、解决等;运用目标应是解释说明事物的联系、区别,举一反三或举三返一;创新目标应是拓展产生新思想、新观点、新理论、新方法、新思路、新模式等。制定目标时,认知目标应以创新能力的培养为中心,情感目标应以情感能力的培养为中心,技能教育应以动手实践能力的培养为中心,学习能力应以自学能力的培养为中心。

目标的呈现。根据不同的知识内容,学习目标可采取课前投放式、分段投放式、总结投放式等三种投放方式。

2. 出示学案,定向自学

简单的适合学生自学的知识,教师设计出问题,指导学生阅读课本自学完成,教师对重点内容进行强调。出示的问题有思维价值(干什么、干到什么程度)、学科方法指导(怎么干)、时间限定(何时完成)三个方面的内容。

(1)问题。将重难点、问题情景整合在一起,形成2~3个较大的问题呈现给学生,不能太碎,不能以"题"代"问题"。

(2)学案中要引导学生发现学科研究方法或指导学生运用移植方法学习相关内容(做标记、做批注等)。

(3)时间。对六至九年级学生可以做比较整体的时间限定,避免一节课出现若干次"自学—交流—展示"环节;对三至五年级学生可以实行"小节奏,快步子"的方法,自主学习以"不充分、不交流"为原则。

3. 小组交流,尝试解疑

小组规模在三至五人,有优化设置小组长、记录员、检查员、汇报员等。小组划分在成绩、性别、性格、气质及单科成绩等方面为人力资源的最佳组合,即组间同质、组内异质、优势互补的原则;小组座次为四个组员两两相对的方阵式座次;小组内部进行最优化分工,使学生感觉到一种归属感和强烈的责任感;小组规则和规范建设,组长精干,组内实施"一帮一",组规、组风等小组文化建设(组牌、组徽、吉祥物、口号奋斗目标等)有特色。教师在设计本部分内容时,要用学生的眼光看教材,用学生的认识经验去感知教材,用学生的思维去研究教材,充分考虑学生自学过程中可能遇到的思维问题。给学生充分的学习时间,每个知识点学完后,要配以适当的题目进行训练,使学生理解和掌握所学知识。小组交流以"不充分、不展示"为原则。

4. 课堂讨论,质疑释疑

课堂讨论,质疑释疑可采取师生共研式。对重点知识或学生自学有一定难度的知识,可采取师生之间、生生之间互动、研讨、交流的方式进行。学案在此部分可以设计出具有一定思维含量的问题,引导学生思考、讨论,或在教师的适时点拨下,自己得出结论。也可采取教师讲授式,对学生无法自学或生生之间无法解决的问题,教师要采取讲解的方式,但教师的讲并不是"满堂灌",而应该配以启发、点拨,诱导讨论该讨论的问题,设计有价值、适合学生思维张力的问题,有讨论思想、方法的指导,或讨论那些易错、易漏、易混点和重难点。

所编问题应符合以下六条基本要求:① 学科信息的准确性;② 学科信息的系统性;③ 学科信息的思想性;④ 学科信息的启发性;⑤ 学科信息的多样性;⑥ 学科信息的针对性。使之既源于课本又不落俗套,既注意扎扎实实打好基础又加强知识的拓展与联系,具有较强的思考性。为解决这些问题,不看书不行,看书不细也不行;不思考不行,思考不深不透也不行;不联系不行,联系不广也不行。真正做到有效地把学生引入课本,激发思考,引导讨论又学会看书。学案一定要紧扣课程标准,与学科自身教学内容紧密相连,要避免舍近求远,不要"种了别人的责任田,荒了自己的自留地"。要力求引发质疑、讨论、评判,以发挥相互启迪、交流、互助和共享的作用。引导学生倾听比展示更重要,有课堂讨论的遵循原则,有声音、站立姿势、心态、发言的开场白和方式、规范的语言、发言完毕后的礼貌结束语、发言的控制时间规定等。时间一般10到15分钟不等。

5. 回扣目标,训练巩固

紧扣本节课的学习目标,选择能覆盖本节课所学内容的题目,题不求多而求精,以巩固所学,培养能力,并获得反馈;对学生进行达标测试,以查看本节课学生的学习效果,并针对学生反馈情况及时进行补偿教学。学案绝不是单纯的另一份额外的家庭作业,要防止把学案搞成又一本"练习册"、"习题簿";难度不可太大,以考查知识的掌握及运用为主。

6. 反馈矫正,归纳总结

当堂形成知识网络,及时复习,力避遗忘。最好采取学生自我总结方式,结合学案,引导学生自己进行学习小结,把知识系统化、条理化。小结时,可由学习小组进行简单的交流,回顾学习目标,检查目标是否达到,还存在哪些问题,如何解决,从而进一步完善学习效果,时间不可太长,三四分钟即可。

7. 迁移应用,拓展提高

根据科目不同,形式多样,内容尽可能丰富,学生根据自己的兴趣放飞自己的心声,写出感想、联想,设计有趣的问题等,教师也可搜集材料为课文作补充等。

在"学案式教学"中,一个学案一般为1~3个课时,所以上面的程序可根据教学内容在一个课时内完成,也可在2~3个课时内完成。在具体实施的过程中,可灵活掌握,不要拘泥于一种形式,可有增有减,也可重新排列程序,以课程内容和课堂教学过程为主要依据,确定最优的教学方式。

[附件一]

胜利第五十九中学"学案式教学"课堂教学评价标准(试行稿)

____年____月____日 授课教师_____ 班级_____ 第___节

一级指标	二级指标	三级指标	自评	他评
目标达成度(65分)	"自主合作"过程性强,方法得当(25分)	任务交代清楚,目标定位、表述准确。目标呈现灵活,可采取课前投放式、分段投放式、总结投放式等三种投放方式。巡回指导到位,教学过程能围绕目标以学生自学合作为主(10分)		
		学习方法得当,在独立思维、探究基础上进行有效小组交流(10分)		
		课堂上没有无效环节。教师启发引导、点拨激励恰到好处,不告诉、不包办、不替代、不抢学生彩头(5分)		
	任务完成度高,问题形成性强(25分)	学生对学习目标明确,能根据学案完成自主学习任务和合作交流任务,效果好(10分)		
		问题有思维价值(干什么、干到什么程度)、学科方法指导(怎么干)、时间限定(何时完成)三个方面的内容。学生在合作探究中解决已有问题,梳理形成规律性结论,并能学以致用,课堂检测目标达成度高(10分)		
		在任务完成和问题探索中能产生新疑问,或有新的拓展(5分)		
	能力达成度高,习惯养成性好(15分)	学生有明显的问题解读能力、自主思考能力、合作交流能力等,各种能力培养具体、清晰,效果明显(10分)		
		学生养成了自主思考、自主探究与合作交流的习惯,又能在小组和班级内展示交流,帮助他人;既能仔细倾听他人见解,又能在认真思考基础上交流自己的看法(5分)		

续表

一级指标	二级指标	三级指标	自评	他评
学生满意度(35分)	自主互助恰当，关系融洽度高(15分)	小组内同学关系融洽，平等尊重。课堂发言"活而不乱"，有效信息量大。能有效控制优势学生的发言，小组、班内交流展示等形式使学生参与面广，参与的有效性高(5分)		
		师生关系融洽润泽，师生之间能平等交流、相互尊重(5分)		
		特别是对于后进生，全体师生能给予无私的鼓励。小组间发言机会以后进生为主，其他学生补充为辅(5分)		
	合作意识、参与度高(10分)	学生有强烈的合作意识，每个学生能积极参与小组内活动和班级内活动，小组活动井然有序，学生活动参与度高(5分)		
		小组间竞争有秩序，能激发热情和干劲，每个学生集体荣誉感强。讨论的声音、站立的姿势、心态、发言的开场白和方式、规范的语言、发言完毕后的礼貌结束语、发言时间的控制等(5分)		
	自我满足感强(10分)	同伴间互相鼓励、互相帮助，对自己成绩给予充分肯定，有强烈的幸福感(5分)		
		教师的肯定对每个组、每个学生恰如其分，激励到位，使每个学生都充满自信心，又有明确的任务和方向，保持清醒的头脑(5分)		
质性评述				

备注：1. 依据本评价标准对课堂教学评价时，要注重从指标体系所列举方面对课堂进行质性评价，各指标赋值仅作参考，最后整体评价量化得分。

2. 任课教师对此评价标准中不恰当的地方可以提出修改意见。

第七节　学案应用要求

学案是集学生的自学方案、教师的教学方案、作业、测试和复习资料于一体的师生共用的教学文本，是将国家课程、地方课程充分整合后的校本课程，是"教学合一"的载体，是实施素质教育的产物，是体现教师对课程的居高临下的认识、教材内容的挖掘与教师的知识储存、教学经验、学生学情、教学组织能力等方面的整合。

[案例八]

　　学案教学使用一段时间后，学校进行教师使用学案和学生使用学案的检查，结果出人意料，有的教师对学生的学案根本就没有批改，有的学生使用过的学案上仍然有学生没有做过的题目，甚至有一些做错的题目都没有改过来，也有的学生把用过的学案当做废纸扔掉了。教务处的检查也不及时，对教师使用的学案和学生使用的学案没有明确的要求和标准。经过对部分学生、教师进行调查，多数教师没有把学案的使用要求反复告知学生，学生还没有养成预先学习的习惯，因此，有的学生不能将预学任务提前完成，导致课堂教学时教师不得不讲。因为教师在课堂上还要讲，又导致部分学生根本就不提前预学，同时更因为教师没有改变传统的教学习惯和行为，仍然以讲解为主，甚至有的教师还不断布置学案以外的课后作业，反而增加了学生的课业负担，有的学生认为学案可有可无……鉴于以上错误认识，我们经过反复讨论，认为尽快制定有关学案使用的基本要求至关重要。

（任光升执笔）

学案的应用应该符合包括学生的自学、教师的教学、学校教务处检查三个方面的要求。

一、学生使用学案的要求

第一，学案的使用，就是让学生的学习经历演变成一个"自主探究—合作研讨—反思提升"的过程。因此，学生拿到学案后，先根据预习任务，自己认真看书，有的要和同学讨论问题，有的要动手做实验，所有的学生必须自主解决学案中的预习导学部分。自己不能解决的问题，可以向教师、同伴请教，碰到生疏的难解决的问题要做好标记,第二天与同学交流或在课堂上向教师质疑。有余力的学生可以做探究性题目。

为让学生充分预习自学,学校取消课余硬性作业,要求历史、地理、生物、政治当堂预习,当堂完成学案训练,其他科目可提前发放课前预习,以此确保学生有时间预习,有条件自学,有办法自学。

学生预习会有困难,会产生惰性,于是可把学案上课的第一环节定为预学检查和交流。以组内相互检查、集体展示和教师提前检查与巡回检查的形式检测学生的预习情况,"逼迫"学生参与预习,不预习就无法倾听他人的发言,无法参加讨论交流,无法进行习题尝试练习。这一"逼"就逼出了习惯,逼出了能力。学生自学教材后,倾听心中有数,讨论有话可说,练题有法下手,许多基础知识不待教师讲解指导,就有一定的掌握,学生自学有了成功感,学习就更主动了。由于学生主动学会了一些基本知识,教师就可以简洁地推进学习训练,大大提高了课堂教学效率。学案的学习,让学生充当了学习的主角,极大地激发了学生的求知欲和学习兴趣,最大限度地发挥了学生的主体作用,使学生主动地、积极地去探究知识,有利于培养、调动学生的非智力因素,让学生更加自信、勤奋地投入自主学习,形成有序、有控的自主学习过程。在学习、掌握知识过程中,培养了学生独立分析问题和解决问题的能力。

学案就是让学生根据具体的目标、任务和明确的学习方法,进行自主学习的方案。在学生自主学习的基础上,运用"小组合作"的学习方式,交流自己的疑问,展示自己的学习成果。学案的使用,使得同学间的小组合作与交流由课前的预学、课堂的学习生成,延伸到了课后的拓展应用。学生在学案的使用过程中,小组成员间的有序交流,小组间的成果展示,教师及时恰当的评价鼓励,培养了学生小组内的真心合作意识,培养了学生小组间的竞争意识,形成了学生在交往中学习的良好氛围,学生的互助精神和同学友谊得到了很好的体现。

第二,学生在课堂学习时,要适当做些方法、规律等的笔记,以便今后复习。学完一课后,在学案的空白处要写上学后记。

第三,要求学生每隔一定时间后将各科学案进行归类整理,装订成复习资料。

二、教师使用学案的要求

使用学案教学的教师,原则上不允许再布置教材和学案以外的课外作业。用学案的教学活动,要求教师在教学中努力做到放手让学生自主学习,教学中拓展学生的思维。学案不是教师的讲义,更不是练习题,它是建立在学生"学"的基础上的学习方案,是学生自主合作探究的学习计划方案。因此,我们尤其不能把学案当做练习题或讲义使用。"学案式"的课堂教学,教师的主要任务是点拨、引导、唤醒、激发、鼓励学生,挖掘学生内在的自主学习积极性,指导学生自主学习与合作学习。

　　学案在课堂实践过程中,教师要切忌舍不得把时间和精彩留给学生,老去抢学生的风头,或沉不住气,不自觉地将答案告诉了学生,或直接把学案当做练习题去讲或对答案……教师在学案应用中一定要学会放手、学会观察、学会倾听、学会适当点拨。

　　教师每节课后,一定要及时收交、检查学生的学案,全批全改,标明批改等级,供学校定期检查。"学案式"的课堂教学,要求教师在教学活动中做到"四精四必"。"四精"指的是精选、精讲、精练、精批;"四必"指的是有发必收,有收必批,有批必评,有评必改。整个"学案式教学"过程,教师要做到"三批",即"用前批"、"用后批"、"改后批"。"用前批",即在上课前教师要做到对学生的学案预学应用情况有一个通盘了解,最好全批一遍,如果时间来不及至少批三分之一以上,以便了解学生的预学情况。"用后批",即上完课后学生要进行整理上交,教师要进行全批全改,避免学生有错误的问题。"改后批",即教师批改过后再发给学生,要求学生进行错误订正,订正完后教师再进行有针对性的批改指导。"三批"实际上是一个了解学生预学情况、课堂学习情况、课后整理情况和个别因材施教的过程,对于学案的落实至关重要。

[案例九]

"学案式教学"需要避免的几个问题

　　回想起来,"学案式教学"的思路——"先学后教",在我心里早就扎根。上高中时,化学老师曾告诉我们,一定要学会主动学习、主动吸取营养,她还举了一个例子:一个刚毕业的年轻教师,不太会讲课,于是上课时经常让学生自学,不会的再问老师,结果学生都学得很好。不会讲课的人反而教好了学生,真是"无心插柳柳成荫"!这应是我第一次接受"先学后教"的教育。

　　工作以后,我考上了函授大学,每个寒暑假都要上面授课。由于时间短促,教授们要把需一学期才能讲完的内容在短短的几天内讲完,其速度可想而知,学员们都听得云里雾里、一知半解,只好快速而认真地记笔记,留作回家自学的第一手资料。可以说,大部分知识都是回家自学会的。但教授们中也有一位与众不同的高数老师,他不像其他教授那样长篇大论,课上讲讲例题,再布置几道题让学员们做做就完事了。

他上课时讲得很少,我们听得既轻松又愉快,不但课上能学会各类题型,回家自学时也格外轻松。需要指出的是,这位高数老师虽然讲得少,但点拨很到位,充满了智慧,常给人豁然开朗的感觉。这是我第一次尝到"先学后教"的甜头。

前几年,我参加了几次计算机培训学习,自认为学得不错,听不懂的人问我有什么窍门,我笑着说:"哪有什么窍门,只不过是把第二天要学的内容提前看几遍而已!"这是我再次尝到"先学后教"的甜头。

"学案式教学"以学案的形式"先学后教",让学生有所见,有所思,有所得,是实实在在的教改。

认同归认同,真正在教学中实践还有许多困难需要克服。

问题一:避免有始无终

学案设计,尤其是科学性、实效性强的学案设计是一项艰苦复杂的工作,是一件需要精雕细刻、精益求精的作品,不下一番苦工夫难以达到理想的效果。因此,"工夫在课前,成效在课中,愉悦在课后"是"学案式教学"的一大特色。"学案式教学"如果实施得好,对学生来说是件好事。但自实施"学案式教学"以来,教师的工作重点就放在了写学案上,因为写学案无疑是一次再创作,这使教师的工作量加大,写学案的教师没有不熬夜的,而繁重的劳心劳力有时难免会影响创作质量。能否坚持写出优秀的学案,能否坚持用好学案,需要教师共同勉励,从困难中炼就"八风吹不动,端坐紫金莲"的功夫,让定力日增,聪慧并臻,让"学案式教学"善始善终。

问题二:避繁就简

学案的实质是教师用来帮助学生掌握教学内容、沟通教与学的桥梁,也是培养学生自主学习和建构知识能力的一种重要媒介,它是教师站在学生的知识水平、生活经验的角度对教学内容思考的文字表现。好的学案应做到循序渐进、言简意赅,使学生意识到:要解决教师设计的问题不看书不行;看书不看详细也不行,光看书不思考不行,思考不深不透也不行。这样,学生就能真正从教师设计的问题中找到解决问题的方法,学会看书,学会自学。

刚开始写学案时,写得很繁琐,从课前学习内容、课堂学习流程到学习检测题的编写等都设计得细而全,导致一节课处理不完。教师总想面面俱到,让学生一堂课掌握很多细节,其实事与愿违,很多教师都感觉用学案是个负担,课堂被学案领着走。写了一年学案,终于悟出,学案设计必须避繁就简,少而精。如果设计太细,课堂操作将很急促,降低实效性,而且没有了学生的空间,又成了"填鸭式"教学。只有宽泛、简单的设计,才能起到"导"的作用,这也符合当今课堂教学走向简单的发展趋势。

问题三:避免穿新鞋走老路

穿新鞋走老路这是新课程改革开始的一个普遍问题,也是"学案式教学"需避免的重要问题。五十九中所有的物理教师都想快速走进新课程,变革传统的教学模式,但教师在长期的传统教学中已练就了把知识系统灌输给学生的"说功",养成了"善说"的习惯,俗话说"习惯成自然",要想改,谈何容易!

叶圣陶先生说:"大凡传授技能技巧,讲说一遍,指点一番,只是个开端而不是个终结。要将技能在受教人的身上生根,习惯成自然,再也不会走样,那才是终结。"我校实施"学案式教学",有了好的开端,如果能用学案真正引领学生有效学习,让每个学生都受益,那才是实施"学案式教学"的终结目的。

俗话说:不破不立。作为既是施教人又是受教人的教师,必须克服心理障碍,勇于破除旧习惯,在日常教学中潜心研究,敢于变革,在不同内容的教学中充当不同的角色。具体为导演、舵手、记者、主持人、裁判员,并与学生建立平等互助的关系,实现朋友似的交往。如此,才能更好地发挥引导者与促进者的作用。

教师角色的转换不是一件一蹴而就的事情,角色转换的实现是有很长一段路要走的。

2007年上半年,学校开展"'学案式教学'探索课展示"活动。我认真编写了学案,其编写的学案也体现了启发学生思维、引领学生学习的理念。上课前,我做了许多放手让学生学的设想,但计划不如变化快,上课铃一响,我不由自主地又喋喋不休地"开讲"了……

不得不慨叹:习惯的力量真是太大了。课后领导和同事们也给我提出了中肯的建议。这一事件让我猛醒,认识到了自己的顽疾,痛下决心改"讲"为"导"。接下来在另一个班上课时,我克服了怕完不成任务想讲的欲望,大胆让学生先自学再讨论,我只是充当舵手的角色,在他们需要的时候帮他们一把。课后,我对两节课进行了对比:

班 级	学生情况	学生上课表情	学习兴趣	课堂效率
一班(改前)	学习能力变化不大，依赖性大	漫不经心	一般	低
三班(改后)	学习能力有所改变，主动性强	专注	高涨	高

看来，只有加大课堂教学改革力度，才能让优者更优，让学困生学会，让厌学者喜学，从而提高课堂效率。

只有通过亲自变革，才能领会变革的意义，才能避免穿新鞋走老路。这也应了陆游说的话："纸上得来终觉浅，绝知此事要躬行。"

"学案式教学"还在进一步的尝试中，许多方面还要改进，以更好地促进课堂教学。我想以叶澜教授的一段话作为结束语，以期共勉："课堂应是向未知方向挺进的旅行，随时都有可能发现意外的通道和美丽的图景，而不是一切都必须遵循固定线路而没有激情的行程。"

（陈菊萍执笔）

三、学校教务处检查学案的要求

学案在课堂实践使用过程中，学校教务处要在管理、落实上下工夫。学校教务处要通过常规教学检查、学科教研活动、一人一节公开课、现场观摩课、备课组优质课评选等活动，采用调查研究、方法指导、过程监督、结果评价等方式方法，加强"学案式教学"的过程性指导。注重"学案式教学"的过程性评价，全过程调控"学案式"课堂教学，及时发现学案使用中的问题，就地解决问题，优化"学案式教学"的课堂流程，提高"学案式教学"的课堂效率，为"学案式"课堂教学进入良性发展提供强有力的保障。为此，教务处应做好如下几方面的检查监督和评价工作：

一是做好假期中各备课组提前备课的计划落实检查工作，确保各备课组的提前假期备课落到实处。

二是做好开学前的假期二次备课组集中备课的检查监督与评价工作。

三是安排专人负责各科学案的印发工作，确保各科学案及时发放到教师手中，确保学生的课前预习及教师教前备课的使用。

四是学校教务处安排专人负责各科学案的两次常规检查。第一次，安排各科教研组长及年级部各备课组长检查落实教师的集体备学案和编制学案的情况,检查落实学案的精选情况。第二次,督促教师检查学生的预习情况,落实课前、课中、课后三批情况,检查落实学案的精讲、精练、精批情况。学校教务处全程督导各年级部的各备课组长,在整个学案的教学及使用过程中,一定要落实各科学案使用的"四必"。

五是学校教务处要定期组织由业务领导牵头,各科教研组长及年级部各备课组长参加的考评小组,检查教师的学案落实、批改、反馈情况,并现场做出等级评价,计入各备课组业务考核档案。学案检查要细致,等级评价要准确无异议。

六是每个学期末,学校教务处要安排专人负责收集、整理各科的教师学案,分学科、分年级、分教师收集、整理归档,留作教师业务考核评比及学校专项检查调研备用。

学案的应用,落实到学生、教师、学校教务处检查三个方面,要求明确具体,检查细致到位,确保学案的应用效果。稳步攀升的教育教学成绩就是最好的明证。

第八节 "学案式教学"课堂流程与小组合作学习

[案例十]

  实施"学案式教学"一段时间以后,我去听一位老教师的课,他基本上是按照学案上设计的题目,一个题一个题地讲解,把学案当练习题使用,整个课堂就是一个习题课。课后我与这位教师交流:"你觉得这堂课学案用得怎么样?""还可以呀!经过讲解学生基本上都明白了。""你有没有感觉到有什么问题?""有啊!就是感觉这样下去,学生会更没有学习兴趣,整天上习题课,老师也觉得烦。""可你为什么把学案当习题用呢?对于学案怎么使用我们不是提出过明确的要求吗?""学案应用要求我们是知道,可就是不习惯,真正用时老担心学生不会,不放心就老想着讲。"……也有的教师把学案当讲义使用,或仅仅把学案当做练习题,讲课的方式仍然是原来的模式,没有改变,这与"学案式教学"的定位与初衷大相径庭……好多教师使用学案之初都会有这种感觉,那么,要真正改变我们的课堂教学流程,把课堂教学真正引入以"学"为中心的轨道上来,真正发挥学案的作用,就必须在对学案的应用提出明确具体要求的基础上,落实课堂教学的具体的教学流程和教学活动的操作方式,明确教师和学生在课堂上各自应该干什么。

(任光升执笔)

有了以"学"为主的学习方案,如何实现以"学"为主的真正的课堂教学,则主要看具体教学流程的设计和教师角色的转变。我们实行的"学案式教学"的具体教学流程,文理科都有规律可循。

一、"学案式教学"的课堂流程设计

其总体思路如下:

新授课。组织预学内容的交流订正—提出明确的课堂合作学习任务和要求,组织学生自主思考基础上的小组合作学习—组织小组间的学习成果分享展示—梳理知识点并组织应用练习—拓展应用与达标检测。

复习课。复习目标的界定与方法指导—知识点复习梳理—典型题训练—课堂测试—拓展提高。

试卷讲评课。个人纠错—小组内交流纠错—疑难问题点拨—自我二次评定等级。

在以上教学流程中,教师的活动是:组织交流,点拨评价—交代任务,明确方法,巡视指导—成果发布,点拨评价,梳理结论—引导应用,组织检测评价。学生的活动是:自主合作交流,完成预习,交流订正—根据任务自主探究,小组合作交流—展示学习成果,分享他人结论—应用练习,巩固提升。

当然,不同的学科有不同的特点,不可一概而论,但总体的思路必有共同之处。从大的思路来说,学案给学生提供的一定是围绕具体的学习目标而展开的具体明确的学习任务和学习方法及要求,是一种任务驱动下的自主合作式学习;就每一个环节而言,都是建立在个人独立思考的基础上的小组合作式学习,切忌不给学生留有独立思考的时间就组织小组讨论,这样久而久之,必定会有许多人不动脑筋,只等着照抄别人的答案。以"学前准备"为例,如果没有教师的提前批改与检查,肯定有许多学生等着抄完答案即万事大吉。因此,教师的检查与课堂上的发言就很有学问,很值得去探讨。所以,前述发言人的展示与提问是教师要认真思考的问题,千万不能形成一种"小组讨论对答案—小组展示说答案"的更被动的、只有少数人学习的状态,而是要把这一个环节变成一个相互检测、相互帮助、集体展示的过程。在这一过程中,教师的巡视指导和交流评价至关重要。只有教师在巡视中及时发现学生交流过程中的问题并及时纠正点拨,才不至于使交流流于形式;只有教师在小组展示后及时恰如其分地评价,才能不断巩固小组合作的实效性,才能不断激发学生互帮互学的积极性。

不同的学科、不同的课型,其课堂教学的侧重点自然不同,不可一概而论。比如英语、语文学科,以上所述的各个环节,不可能也没有必要在一节课中全部都出现,而是应根据课堂教学需要和学科特点有所取舍。但不管有哪些环节,每一个环节都是在任务或问题驱动下的自我学习基础上的小组合作学习，也就是说学案为学生提供了每一个环节的具体可操作的自学的任务，每一个学生必须在自学思考的基础上，通过小组讨论，相互启发，共同完成学习任务，而不是漫无边际的自学，更不是漫无边际的讨论或无意义的胡乱争论。

[案例十一]

"老师说了，只要讨论就要大声喊。"这是我听完六年级一个班级的数学课后，与学生交谈时学生的回答。这节课讲的是有理数的乘法，教师让学生讨论有理数的乘法规律，小组讨论时，学生各执己见，互不相让，很少有学生静下心来去认真梳理，探究乘法的规律，而是自己就某一个认为正确的点大声地坚持，很少倾听别人的意见，不去认真思考，不仔细追究，更没有合作。听课中我询问一名学生："你们小组讨论时有没有分工？""没有。""那你们分工，按秩序发言，然后综合，怎么样？"这个小组的学生按我的要求进行了分工，其中一名同学很自然地起到了组织者的作用。他们经过小组内的发言后，很快形成了集体统一的意见。一会儿教师组织成果展示时，这个组是总结得最全的一个组。课后我询问他们："平时你们上课进行小组讨论时，老师没让你们进行小组内职责分工吗？""老师说过，但各个组都没有真正进行职责分工。""你们讨论时怎么声音那么大，不相互干扰吗？""老师说了，只要讨论就要大声喊，特别有人听课时更要大声讨论。"……没有秩序的小组活动，虚假的讨论，虚假的课堂活跃，这怎么能是我们所追求的课堂呢？这样的小组讨论有用吗？这会给学生传递一种什么样的信息呢？……

（任光升执笔）

要想真正将课堂变成以"学"为中心的课堂，就必须下工夫对学生进行学习方法的指导和小组活动的训练与强化，使其真正形成"自学思考、合作讨论、倾听分享"的习惯。没有学法的指导和小组学习习惯的训练，我们的"学案式教学"必定会成为一堂堂的练习课。教师辛辛苦苦准备的学案，会被学生不经意地当做普通的练习题去应付，会让更多的学生懒上加懒。久而久之，学案必定就是练习题，教师的上课方式又会回到原来的老样子，我们的课堂又会回到原来要么死气沉沉、要么闹哄哄的，学生不会思考、不会合作、更不会分享与倾听的局面，我们的教学又会进入原来的疲惫状态……

二、"小组合作学习"注意事项及评价使用

1. 要异质分组,角色分工

所谓"异质"分组,就是教师必须对学生进行全面的了解和衡量,考虑到学生学习习惯、学习成绩、学习基础、学习能力、性别及性格、家庭住址等特点,按学习基础好、中、弱三类分到一组,按性格、爱好特长、性别不同分到一组,便于学生之间互相学习、互相帮助、互相补充、互相影响、互相带动。把学生按四人分为一个学习小组,一位小组长。让小组成员明确个人责任,担任不同角色。如小组长,负责全组学生学习的组织;记录员,负责记录本组同学学习得出的数据和探讨的结论;检查员,负责检查小组中各成员是否都能清楚懂得所探讨的问题;讲解员,负责为本组基础较弱的学生辅助讲解,以达到都能理解学会等;中心发言人,负责做全组学习效果的汇报,这项任务主要让本组基础较弱的学生来完成,因为只有这样,本组的其他成员才会想方设法教会他,真正实现"兵教兵"。

异质分组,角色分工,能有效地发挥学生的个性,开阔学生的思维,优化互动协作关系。学生存在差异又各具所长,能发挥个人特长,对同一问题有多方位、多角度的不同思维方法,达到学习资源的互相补充。在合作探究过程中,学生智慧的火花在闪烁,知识的种子在发芽,课堂成为学生思维训练的场所,学生充分参与课堂活动,真正成为了课堂的主人。

2. 要有效防止小组学习缺乏实质性合作

讨论中不能围绕中心问题进行卓有成效的学习,没有学生间的互动;教师提出问题后没有给学生充裕的时间独立思考,小组活动缺乏组织和训练,学习方法缺乏指导,导致小组合作仅停留在表面上。或者仅是好学生发言,差学生被动听讲的局面;或者死气沉沉,各行其是;或者乱争乱说,文不对题,假讨论、假合作。有的学生不注意倾听别人的发言,导致合作学习有名无实,流于形式。以上现象必须注意杜绝。

3. 要合理关注学生参与的不主动、不均衡性

合作学习常常是好学生参与的机会多,其他学生充当听众的角色,只给少数学生提供锻炼的机会,多数学生根本没有机会,造成合作学习获益微薄。学生间的合作不主动,在小组合作学习过程中,学生间应形成良好的互助、互动关系。但实际上,由于小组划分得不周密,以及个人的知识水平、阅历、性格、思考问题角度的差异等,常有不合作现象发生。这些应引起教师的关注。

4. 注重评价在学生合作过程中所起的激励作用

教师评价一定要及时,要有鼓励性。传统课堂的沉闷与学案课堂的鲜活

形成较大的反差。在学案课堂上,学习探究的主体是学生自己,他们或自做、或交流、或展示、或争论。学生学习任务具体明确,通过小组合作交流,有了自我展示的平台,动脑、动口、动手、自学、合作、展示、检测,我们以"学"为中心的"学案式教学"的课堂,是有生命张力的课堂,是学生快乐学习的所在。因此,教师的评价鼓励一定要到位。评出学生学习的信心,评出学生学习的干劲。

[附件二]

胜利第五十九中学"学案式教学"学案应用与"合作—探究—反思"课堂学习小组评价考核方案(讨论稿)

为巩固"学案式教学"的实效性和学案应用,小组合作的有效性,加强学生学习的过程性评价,对学生的评价从甄别式的评价转向发展性的评价,注重学生学习的过程、方法,以及相应的情感态度和价值观等非智力因素方面的发展,学校决定制定评价考核的方案。

一、评价考核的原则

(一)过程与结果兼顾的原则

评价重过程,重应用,重学生主体的参与度即学生在小组活动中参与交流、对话的程度,看学生是否发挥了主体作用。评价中不完全以活动成果为重点,应挖掘活动环节中内含的因素作为个性教育素材去启发和引导学生。评价时要注意过程评价和结果评价相结合。

(二)能力与情感并重的原则

既要关注知识的掌握和能力的发展,更要促进其兴趣、爱好、意志等个性情感品质的形成和发展。要对学生的学习态度、探究与实践能力、合作、交流与分享等一个或几个方面进行描述,判断学生的学习状态,真正体现评价的导向性。

(三)个体与整体兼容的原则

既要注重对小组群体的评价,更要注重对小组总体成绩的评价,形成一种"组内成员合作,组间成员竞争"的格局,把整个评价的重心由鼓励个人竞争达标转向大家合作达标。让大多数学生都受到教师或同伴的鼓励,感受到成功的喜悦,从而取得不同程度的进步,并由此一步步迈向成功。以小组集体成绩为评价依据来评价学生,有利于培养学生的合作意识。

（四）量化、质性相结合的评价原则

量化评价关注的是结果,强调精确度、信度、效度,对学生下一阶段的学习具有重要的指导意义。但要改变以量化评价结果对学生进行分类的做法,要结合质性评价对结果做出分析、说明和建议,形成激励性的改进意见或建议,促使各小组发展。

二、评价内容

学生学案的应用完成等级以及课堂"合作、探究、分享"小组的表现情况。

三、评价方法及应用

(1) 新学期在开学五天内,每班班主任按上学期学生成绩与表现,异质分组提供各小组名单,上交教务存档。(包括小组序号、组名、小组奋斗目标)

(2) 班主任要使每个小组适用期为一个学期,中途不得改变。班级各项考核全部按小组来运行,所有考核结果班主任要张榜公布。

(3) 每学期期中、期末考试前五天,各"学案式教学"的任课教师要按所教班级的小组名单顺序表,根据平时所填的"学案应用等级评价汇总表"、"课堂合作、探究、分享小组学习能力评价表",汇总算出小组以及每个学生的最后得分交给班主任,班主任汇总各科学生得总分情况一式两份,一份张榜三天,一份交教务处并存档。

(4) "学案应用等级评价汇总表"的填法和应用。

评价主体:由任课教师与班级学习委员会成员进行讨论评价。

评价内容:学生学案平时得的等级。

评价方法:由任课教师或学科课代表统计。

本表进行量化评价的办法:任课教师每学期分上、下学期至少10次(物理、化学、政治、历史、地理、生物科目不少于5次)填写学生学案完成等级 A、B、C、D、E(有原因但没有交学案的得 D,E 为没有特殊情况而未交学案的),每次等级得分分别为 A 得 10 分、B 得 8 分、C 得 6 分、D 得 4 分、E 得 0 分,分上、下学期汇总学生个人得分,最后计算出各组得总分,按组总分排出各组的名次。

总分排名前 2 名的组组员每人得 10 分,排名中间的组组员(2A,1B,1C)分别得 10、10、8、6 分,排名后 2 名的组组员(1A,2B,1C)分别得 10、8、8、6 分(除语文、数学、英语学科外,其他实施"学案式教学"的科目 A、B、C 分别得 5、3、1 分）。

个人得分作为过程性评价单列按一定的比例（具体分值另行通知）分别加入期中、期末考试总分中。（以上由任课教师或学科课代表汇总和记录，最后汇总到班主任处）

(5)"课堂合作、探究、分享小组学习能力评价表"，进行质性评价的办法。

评价主体：由任课教师与班级学习委员会成员以及小组长进行讨论评价。

评价内容：小组学习能力评价从探究问题的主动性、自主性、策略性，合作过程的独立思考、分工合作、全员参与、交流讨论、评价反思、课堂纪律、活动实效、作业情况以及思维的深度和广度方面进行，任课教师也可以探索适应本学科特点的评价方法。

评价方法：每学期分上、下学期根据学生应用学案的质量、学习态度（应用发展的眼光看待孩子）、情感态度、课堂合作、探究、分享小组学习表现情况以及其他情况评价。语文、数学、英语科目上、下学期分别不少于 8 次，物理、化学、政治、历史、地理、生物科目上、下学期分别不少于 4 次，给予每组学生进行 A、B、C、D 等级划分，得分分别为 A 得 10 分、B 得 8 分、C 得 6 分、D 得 4 分，最后计算出各组的总分，按组总分排出各组的名次。

排名前 2 名的组组员每人得 10 分，排名中间的组组员（2A,1B,1C）分别得 10、10、8、6 分，排名后 2 名的组组员（1A,2B,1C）分别得 10、8、8、6 分（除语文、数学、英语学科外，其他实施学案教学的科目 A、B、C 分别得 5、3、1 分）。

个人得分作为过程性评价单列按一定的比例（具体分值另行通知）分别加入期中、期末考试总分中。（以上由任课教师或学科课代表汇总和记录，最后汇总到班主任处）

第九节 "学案式教学"的配套管理

为了保证基于集体备课的"学案式教学"的正常运转，胜利第五十九中学从 2006 年开始，在学校推行了"人本化"的内部管理改革。

在组织上，我们不仅建立起了一套"拥抱式组合，一体化管理，发展性评价，绩效性激励"的内部管理机制，突出了年级部、备课组和班级管理共同体的作用；

在教学上,我们还制定了"集体备课—学案式教学—分层辅导"三段式的教学常规。这一教学常规的制定,将教师的校本研究、日常教学方式和辅导方式进行了明确规定,让教师有章可循。

集体备课模式下形成的"学案式教学"将教师从繁杂重复的备课工作中解放出来,让教师能腾出时间来,琢磨学生,琢磨学法,有精力与学生进行有效的沟通辅导,便于实施因材施教,提高教育的合力。

实施的"分层辅导",又是"学案式"课堂教学的有效补充和落实因材施教原则的重要环节。

我们知道,不管采用什么样的方法,学生之间的差异必定存在,要想真正实现因材施教,那就必须做好分层辅导,让优等生吃得饱,让后进生消化得了。为此,我们在"学案式教学"的基础上,对分层辅导提出如下要求:

1. 隐性分层

首先,教师要通过调查和观察,掌握班级内每个学生的学习状况、知识水平、特长爱好、性别搭配及社会环境,智能、技能、在校表现、家庭环境等,并对所获得的数据资料进行综合分析,分类归档。将学生按照心理特点分组,形成一个个学习群体。利用小组合作学习和成员之间的互帮互学形式,充分发挥师生之间、学生之间的互动、激励,为每个学生创造整体发展的机会。特别是学生间的人际互动,利用了学生层次的差异性与合作意识,形成有利于每个成员协调发展的集体力量。在实施分层教学时尊重学生的人格,尊重学生的个别差异,不在班级上公布好、中、差学生的名单,同时师生共同树立好对教学的乐观主义态度和信心,并使学生明确这种分组方式的意义。教师掌握各类学生层次后,学生的座位按优、中、差搭配原则编排,这样便于学生互助互学,同时便于组织"兵教兵"辅导中、差生活动,教师能巡回了解中、差生的学习情况及优良学生的表现,使各类学生生活在和谐、平等、友好的学习气氛之中,共同奋发进取。

2. 分层备课,分层辅导

针对学生的课堂学习情况,教师按照学生 A、B 类型分层备课,对优等生主要拓展训练,培养能力,对后进生更重要的是对"预习导学"部分的提前辅导和对本周内学案涉及内容的巩固解疑。分层辅导分集中分层辅导和课堂随时辅导。集中辅导以年级部为单位每周一次,文理分科,A、B 分层;随时辅导就是在日常课堂教学过程中,小组的发言、教师的提问、教师的巡视指导、教师的激励评价要更加关注后进生的辅导和激励。

第十节 "学案式教学"的深化

随着五年多"学案式教学"的实施,在学案实际的使用过程中,有的教师在借助往年学案设计的基础上,不能很好地研究教材和学情,没有认识到教材是学案设计的基础。教师备课首先要读懂、读透教材,了解教材的编写意图、知识体系,同时不同学情应有不同应用。因此,在集体备课的基础上,特别要落实好教师的二次备课,从而使学案的应用更具针对性,充分发挥学案的实效性。要重视学案中教学问题的设计,设计的问题要有启发性,引导学生积极思考和主动探索,加大学生思维的含金量,最大限度地发挥学案的导学价值。学案是一种预设,要灵活运用。在使用学案的过程中自然会有知识生成的变化。但是,对于这一点,有的教师可能认识不到位,过分拘泥于学案设计的要求和内容,不能根据学生学习过程中的具体情况而变化,影响了学案教学的实际效果。因此学校据此情况制订了《胜利第五十九中学"学案式教学"二次备课基本要求(试行)》。

[附件三]

胜利第五十九中学"学案式教学"二次备课基本要求(试行)

一、指导思想

二次备课是教师在集体备课的基础上针对本班教学实际,为提高自身课堂教学效益而对自己学案所进行的再加工、再深思和再创造,是教师致力于个人专业素养、专业技能提升的必然需要,也是教师多年积累的教学经验的有效体现。

二次备课是对集体备课的重要升华,如果说集体备课可以让课堂教学结构严谨、层次清晰、知识准确的话,那么,二次备课则会使我们的课堂教学成为一个生机勃勃的动态过程,不仅闪耀着理性的光辉,而且跃动着个性的魅力。

二次备课是我校当前集体备课的薄弱环节和教师使用学案时存在的突出问题,也是提高"学案式教学"课堂教学效益的重要着力点。因此,所有教师要从提高自身专业素养与专业技能的高度上,重视集体备课中的个人复备,并在此基础上进一步拓展、充实二次备课的实际和有效内容。

"集体备课、专人主备、个人修改、加强反思"的总体思路,也就是说通过校本教研集体备课的方式来确定备课的总体思路,主备教师按照集体备课的思路进行教学设计,每一位执教教师在授课前应结合本班学生实际情况和个人教学习惯、风格,对教学设计进行个人修改,课后要结合教学中出现的情况进行自我反思。

二、二次备课的内容

1. 教学目的、教学重难点

以本班级学生的认知发展水平为基础,解读集体备课学案的教学目的和教学重难点,看其是否与本班学生的认知发展水平相适应,是否要做出相应的调整与修改。

2. 教学设计

(1)课前教学情境的创设是否建立在学生已有知识经验的基础之上,是否与学生的生活实际相近,能不能最大限度地调动本班学生的学习积极性。

(2)新课的教学环节设计是否与本班学生学习的实际情况相适应;教学问题的设计是否具有一定的层次性与开放性,是否能启发、引导学生的积极思维,是否能促使学生掌握所学知识的本质特征,领悟学习的方法与技巧。

(3)教学环节之间的过渡语言是否能让自己驾驭课堂时如鱼得水、得心应手。其实就是要充分估计到学生在学习过程中可能出现的种种问题以及应对措施等等,也就是预设与生成的问题。

(4)学案中设计的教学环节是否做到了重点突出与学生自主学习,是否给予足够的时间,是否设计了巩固练习。

3. 巩固拓展练习设计

一节课的练习设计是让学生深入掌握所学知识,并能加以融会贯通、灵活运用的重要环节。在一节课的学习中,哪些知识点是本班学生最容易混淆或出错的,都要在二次备课时精心去构思。练习设计包括当堂练习与课外练习。

三、具体要求

(1)教师根据因材施教的原则,结合自己的班情、学情,个人二次备课要突出教法和学法,体现以学论教和以学定教,在教法优选、学法指导上下工夫;对教学内容进行进一步思考和探究,根据学生的需要和自己教学的素养及风格,对集体备课的内容进行增删改调,形成可操作的、针对性较强的学案。

主要从以下几个方面来进行:① 以学情分析为依据,选择适合的教学方法;② 确定重难点突破策略;③ 合理安排教学环节。二次备课的内容总量原则上应不少于本课时学案总量的20%。

(2)"二次备课"的呈现方式有勾画法、删减法、调整法、补充法和粘贴法。

勾画法。标记教学目标、教学重难点、教学过程设计中所选取的内容,标记原学案中的重点环节、重点问题、主要知识点以及典型性、易错性等内容,以便在教学进程中引起注意。

删减法。依据教学实际对学案增减,需更改之处应在教学设计中有明确的标注。对教学设计中不符合班级学情的部分和不够理想的部分均应进行修改。

调整法。根据需要调换教学内容及教学环节的呈现形式,调整原学案中过程设计的先后顺序。

补充法。学情分析、创新设计和教学设计中没有写出来的内容要补充。在教学过程的设计中,除了要备方法之外,还要备可能、导语、练习、板书等内容也应在补充的范围之内。

粘贴法。增加相关的教学资源材料,如学段要求、知识点整理、教法学法举例、名师教学精粹、背景资料等。针对不适合本班学情的环节要加以改动,对整个不适合实际情况的教学思路也可做修改,还可在原有的设计基础上增加自己的创新备课。

(3)课后反思。回顾教学成败,总结好办法,查找教学中的不足。课后反思要重视质量,能联系自己教学实际,针对性、借鉴性强,有说服力。课后反思不少于每三课一篇,字数不少于60字。

四、督促检查

(1)教研组、备课组每月至少组织一次组内教师学习交流二次备课的情况,不断提高二次备课的质量。

(2)加强备课检查。教导处每月组织教研中心(组)进行备课质量检查,对照备课要求量化打分,与个人常规考核挂钩。期终前进行全体教师学案二次备课展评,并进行评奖。

第十一节 "学案式教学"的初步成效

"集体备课—学案式教学—分层辅导"三段式的教学常规,保证了日常教学有序深入的推进。固定的集体备课模式,加强了教师间的交流与合作,促进了教师教学方式根本性的转变,特别是学生学习的主动性有了彻底性的改观。学生学习方式的根本改变,使学生的"主体"地位在学生的整个学习过程中真正得到了回归。家长反映孩子在家主动问问题了,孩子主动学习意识和学习行为习惯、思维习惯等都有了非常大的改观。在课堂教学方式改变的同时,促进了教师整体素质的提高和大批优秀教师的脱颖而出,近五年来,就有11位教师在全国讲课、说课、备课比赛中获得一等奖,16位教师获得二等奖。2009年4月和2010年12月,胜利教育管理中心和东营市先后在学校召开了有关"学案式教学"的课堂教学观摩会。

"学案式教学"让我们的教师更多地关注学生的情感,注重知识生成的过程,尊重学生多元化思维,注意教育教学的反思,初步形成了以全面发展的眼光,评价学生成长的过程性评价机制。一是"学案式教学"让管理重心前移,变中途督查、终端考核为重视教学前的指导、服务,抓住了教学的源头。二是"学案式教学"让管理对象下移,更多地围绕学生做文章,学生的主体地位进一步凸显。三是"学案式教学"让管理标杆上移,把日常的教学工作提升为教师终身事业追求、个人价值实现的过程。把教学岗位作为教研与培训的主阵地,以诊断反思性教学实践为基本特征,以互动参与式教研为主要形式,调动了教研组、备课组、教师的三股力量合力备课,从而构建了以"校本教研"为中心,教学、教研、培训一体化的体系,建立了教学、教研、培训的紧密联系、学校教育与家庭教育的有机统一机制。

"学案式教学"在保留传统课堂教学中"教师—学生"的单向交流模式的基础上,通过"小组合作"的学习方式,增加了"学生—教师"、"学生—学生"、"群体—群体"的多向交流模式,形成了上、下、左、右相互交流沟通的立体网络,生动鲜活的"学案式教学"课堂,让学生的学习充满了激情,充满了活力。学生的自学能力不断提高,在五年多的"学案式教学"实践中,学生养成了良好的学习习惯,学习的效率、质量得到了全面提升。学生平时练习强化了方法指导,学习检测的正确率不断提高。在小组合作学习中,"兵教兵"、"兵练兵"、"兵促兵",调动起全体学生参与教学活动的热情,前所未有地激发了学生学习的兴趣。小组合作交流的学习,让每个学生都能找到适合自己发展的位置,提供了自由创新的空间。学生在发展中,各方面的素质和能力得到了全面提高。每个学生的进步加起来就是整体质量的提升。五年来,由于学生逐渐养成了良好的学习习惯,积极主动的自主学习和相互交往的学习已经成为学生学习的主要方式,学生的自主学习能力大大提高。在不增加学生课业负担的基础上,学校教育教学质量大幅度提高,赢得了广大家长的认可和社会的广泛赞誉。

"学案式教学"大面积地提高了学校的教学质量,提升了学校办学的影响力。教师业务素质的提高,学生学习能力的进步,学校办学水平的提升,是我们实施了以"学"为中心"学案式教学"改革彰显成效的有力证据。事实证明,"学案式教学"课堂,就是一个实现"轻负担,高质量"的素质教育的窗口。

后 记

本书撰写完成后,回望成书过程,于是又联想到东林书院内丽泽堂前顾宪成亲自撰写的碑文,"学问须大家商量,须用大家帮扶方可得手",学人要"并胆同心,细细参求,细细理会,未知的要与剖明,已知的要与印证,未能的要与体验,已能的要与保持"。在各位"大家"的支持和帮助下,一路走来,虽然步履蹒跚,但个中滋味尽有,好在有大家的商量,自有提高的可能。

"学校的人本化管理行动"是一个值得共同研究的课题,希望能和大家一起探讨。为此,本书试图围绕学校"人本化"管理在组织、评价考核、课堂实践等方面进行论述,并把我们的案例放在其中。内容撰写大体循序渐进、逐步推进进行。

时光荏苒,岁月如梭。撰写此书近一年,不敢说有成,至少是追求不懈。回首往事,不禁感慨、感动和感激。凡事但求无愧于帮助过我们的中央教科所程方平教授、吴安春教授以及南京师范大学戴联荣教授,他们治学严谨,给予我们悉心指导,提供无微不至的帮助。感谢学校领导明树军、郑茂军、任拥军三位副校长在工作上的支持以及提出的意见和建议,感谢原办公室主任王建全以及德育处主任矫元庆、教科室主任付红胜、课题组的其他各位成员在我们撰写过程中提供的第一手素材和案例。这些都对我们的帮助颇大,在此表示深切的感谢。

此外,还要感谢在教学百忙之中抽出时间校对稿件的王建超老师。

完稿后,回头通看,曾多次遇到写作疑点和盲点,所幸最终能坚持下来,深感粗糙浅薄,甚至问题不少。囿于学识,不足之处,敬请读者批评指正。

深信抛出粗砖,定会引来美玉!

作 者
2012 年